일상 속의 특별한

회계 에세이

일상 속의 특별한 회계 에세이

신호영 지음

한양대학교 출판부

머리말

나는 회계를 좋아한다. 자산은 부채와 자본의 합이라는 등식 하나로 기업의 모든 주요한 경영 활동과 재무상황을 설명한다. 단순하지만 강력한 논리로 회계는 이제 하나의 매력적인 세계 언어가 되었다.

회계는 고차원적 언어이다. 단순한 정보 전달의 기능, 거짓과 모순을 검증하는 기능뿐 아니라, 회계 특유의 개념체계를 통해 우리의 생각과 정신을 새롭게 형성한다. 그래서 회계의 눈으로 보면 일상도 다르게 보인다.

이 책은 저자가 2002년부터 2021년까지 약 20년 동안 두 세무 잡지에 연재한 칼럼을 모아 묶은 것이다. 칼럼에 실린 글들은 작성 당시 관심을 모았던 회계실무

관련 짤막한 내용도 있고, 때로는 화제에 올랐던 기업 경영관련 사회적 이슈들에 대한 나름의 개인적인 소견을 적어본 것도 있다. 이 책을 통해 개별적인 회계실무 지식이나 기술보다는 과거 20년간 화제에 오른 이슈들의 배경에 자리잡고 있는 문제의식들을 생각해보는 기회로 삼았으면 좋겠다.

돌이켜보면, 지난 20년 동안에 회계분야에서 가장 획기적이고도 중대한 사건은 국제회계기준(IFRS) 도입이었다고 본다. 사용하던 언어가 바뀐 셈이다.

1997년 말 IMF 외환위기 이후 구조개혁 핵심과제의 하나로 기업경영의 투명성과 책임성 제고가 강조되면서 사외이사도입, 감사위원회설치, 내부회계관리제도 도입 등 다양한 조치와 노력도 있었지만 무엇보다 근본적인 해결책으로 국제적으로 회계투명성을 인정받고 신인도를 높여 코리안 디스카운트도 해소할 수 있는 글로벌 표준지침인 IFRS 도입의 필요성이 강력히 대두되었다.

IFRS의 실제 추진일정은 글로벌시장에서의 실행추이에 맞추어 2007년에 일단 도입 로드맵을 발표하고 2009년부터는 선택적으로 조기허용하면서 2011년 마

침내 전면 도입하게 되었다. IFRS는 기본성격상 원칙만을 제시하고 기업의 자율적인 회계처리를 많이 허용하고 있어, 도입 초기에는 적지 않은 실무적 논란과 혼돈이 있기도 하였으나 대체로 순탄하게 정착되었다.

그러나 회계기준의 국제화는 회계투명성의 필요조건이지 충분조건은 아니었다. 스위스 국제경영개발대학원(IMD)이 2022년 발표한 국가경쟁력 순위 중 우리나라의 회계투명성 순위는 63개국 중 53위를 기록하여 여전히 하위권이다. 최근 오스템임플란트, 우리은행 등에서 대규모 횡령 사건이 잇따라 터지면서 부정적 인식이 평가에 반영된 듯하다. 회계투명성은 실로 기업경영의 차원을 넘어 사회의 도덕적·문화적 체계의 일부이며 높은 수준의 책임성과 신뢰의 전통을 쌓아가야 하는 장기 과제이기도 하다.

기업경영의 투명성과 책임성 제고와 관련한 또 하나의 중대한 변화는 재벌그룹들의 지주회사 체제전환을 통한 지배구조개선이다. 본래 우리나라에서는 지주회사체제가 경제력 집중수단으로 악용될 우려가 있다 하여 금지해 왔다. 그러나 외환위기 사태에 따른 부실기업 정리와 구제금융의 용이한 추진을 위해 부득이 제한적으로 허용되었다가 나중에는 순환출자로 인한 지배구조의 불안정성을 해소하기 위해 정부가 유인책과 함께 유도한 제도이다.

당초 높은 전환비용과 복잡한 절차 때문에 기피하였으나 2003년 LG 그룹이 최초로 성공적으로 지배구조를 개편하자 급속히 진전되어 대부분의 재벌 그룹들이 전환을 마쳤다. 지주사 전환의 결과로 순환출자구조로 얽힌 불투명한 소유구조가 대거 정리된 점도 있지만 대주주의 지배력이 편법을 통해 더욱 강화되었다는 논란도 있었다.

또한 전환과정에서 복잡한 분할·합병을 거치면서 소액주주와의 이해갈등도 야기되었지만 불가피한 일이었고 그러한 갈등은 최근의 LG화학의 LG엔솔 물적분할사례에서 보는 바와 같이 여전히 겪고 있다.

외환위기 후에 또 한 번의 큰 위기가 있었는데 2008년 리만사태가 초래한 '금융위기'였다. '금융위기'는 미국의 서브프라임 모기지(비우량주택담보대출) 부실에서 시작되어 전 세계로 번졌고 우리나라도 예외는 아니었다. 우리나라는 다행히 OECD 국가 중 가장 빨리 금융위기를 극복한 나라로 평가받고 있다. 이러한 배경에는 그동안 외환위기 극복을 통한 학습효과와 신속한 통화 스왑체결 등 각국 정부와의 정책 공조 등이 주효했던 것으로 보인다.

그러나 전반적인 좋은 평가를 무색하게 하는 이른바 'KIKO사태'도 있었다. KIKO사태는 2008년 당시 급격한 환율하락으로 KIKO라는 환율옵션상품에 가입한 총 1,000여 중소수출기업들이 약 20조 원의 피해를 입은 사건이다. KIKO는 환율옵션복합금융상품으로 환율이 일정 구간 안에 있으면 중소기업이 수익을 얻지만 구간 밖에서는 손해를 보는 구조다.

은행권에서는 위험에 처할 확률이 적은 안전한 상품이라고 홍보했으며 주로 중소기업이 가입하였다. 환율 변동 리스크를 은행으로부터 사온 셈이다. KIKO는 위험성을 제대로 고지하지 않은 은행과 투기 수준의 과다 헤지를 해버린 중소기업들의 무지와 탐욕의 작품이다. 불완전판매라며 소송을 걸었지만 2013년 대법원은 KIKO가 불공정계약이 아니라는 판결을 내렸다.

회계부정의 유혹은 회계의 역사만큼이나 뿌리깊고 끈질기다. 2015년 2분기에 대우조선해양이 느닷없이 3조 4천억 원의 영업손실을 발표하면서 경영위기에 처해 있음을 알렸다. 1분기에 비해 너무 큰 변화였기 때문에 '회계절벽'사건이라 불리었다. 무리하게 수주한 해양플랜트 물량에서 예상 밖의 큰 비용이 발생했는데 회계처리를 장기간 미루어오다 CEO가 바뀌면서 한꺼번에 계상한 것으로 드러났다.

분식의 규모는 과거 외환위기때 공중분해된 대우그룹보다는 작지만 내용적으로는 경영자, 실무책임자, 대주주이자 관리자인 KDB, 그리고 회계법인 모두가 각기 사적 이익을 위해 적극적으로 참여하거나 방조한 도덕적 해이가 매우 심각한 총체적 비리였다.

경영진과 실무자들은 건조 중인 선박이나 해양플랜트의 예상건조원가를 실제보다 낮춰 잡아 공사진행률을 과다하게 보고하는 방식으로 가공의 이익을 꾸며 흑자를 보고하고 약 5천억 원의 성과급도 받았다. 한편, KDB는 대주주로서 경영차원의 운영보다는 부실기업의 관리인으로서 근시안적인 성과 관리에 안주하는 소극적 자세로 방관하였다. 고의적으로 묵인했을 수 있다는 의심도 받았으나 결국 처벌은 받지 않았다.

한편 해당 기간에 외부감사인을 맡으면서 매년 '적정의견'을 낸 회계법인은 1년 영업정지처벌을 받았다. 감사대상기업으로부터 받는 감사보수에 수입의 대부분을 의존하는 현실을 도외시하기 어려웠을 것이다. 이러한 구조적인 문제는 2019년에 도입된 신외감법에 반영되었다. 그 후 대우조선해양은 부실이 더욱 심해져서 10조 이상의 공적자금이 투입되었다. 회계부정의 댓가이다.

최근에는 새로운 트랜드인 ESG경영이 기업평가의 새로운 기준으로 주목받고 있다. 기업의 ESG를 객관적인 화폐가치로 측정하고 표시하는 문제는 연구과제다. 또한 최근 비영리법인의 회계투명성이 정치화되기도 한다. 비영리시민단체의 회계부실 의혹이 사회문제가 되기도 하였으며 회계자료를 제출하지 않는 노조에게 회계투명성이 요구되고 있기도 하다.

회계와 관련된 이슈는 이미 우리 일상의 삶 속에 깊숙이 자리잡고 있음을 새삼 느낀다.

사랑하는 가족과 한양대학교 출판부에 깊이 감사드린다.

2023년 봄

신호영

차례

01

무형자산을 재무제표에 보고하자

2002년 11월

삼성 이건희 회장의 장남 이재용 삼성전자 상무보가 미국 GE에서 3주간 경영수업을 받는다고 한다. GE는 식스시그마경영 등과 같은 조직과정(Organizational Process)의 혁신을 통해 회사의 높은 효율성과 이익을 달성한 것으로 유명하다. 뉴욕대의 바룩교수는 이를 조직자본이라고 부르며 지식정보사회에서 이러한 중요한 무형자산이 기업의 성장성과 주식가치를 높인다고 한다. 문제는 무형자산의 가치측정과 계량화를 포함한 회계처리이다.

전통회계에서 무형자산인 영업권은 외부로부터 구입한 것만 인식한다. 왜냐하면 기업내부에서 생성된 영업권에 대한 정보는 목적적합한 정보이지만 정보의 신뢰성 측면에서 그 금액이 공정하고 합리적인 가치인지에 대하여 불확실성이 존재하기 때문이다.

자산취득의 회계처리는 자산을 취득원가로 기록하는 것이다. 이러한 취득원가주의는 결합의 유형이 합병이든 기업인수이든 상관없이 피결합회사순자산의 취득에도 적용된다. 기업결합시 매수회사가 피매수회사를 취득한 경우, 매수회사가 피매수회사에게 지급한 매수원가는 피매수회사의 기업가치로 인식한다.

피매수회사의 기업가치는 피매수회사의 재무제표상 순자산장부가치와 일치하지 않을 수 있으며 피매수회사의 개별적으로 식별가능한 자산과 부채의 공정가액과도 일치하지 않을 수 있다. 또한 주식시장에서의 시가총액과도 일치하지 않을 수 있다. 피매수회사의 총주식가치는 사외유통주식수에 주당 주식시장 가격을 곱하여 구한다. 취득원가로 표시된 피매수회사의 기업가치와 피매수회사의 개별적으로 식별가능한 순자산의 공정가액과의 차이를 영업권이라 한다.

삼성제약은 에프킬러 브랜드와 성남공장 등 살충제 사업을 한국존슨에 양도하면서 387억 원을 받았는데 살충제 사업부문 고정자산이 90억 원이고 브랜드를 포함한 영업권은 고정자산보다 훨씬 큰 297억 원이었다고 한다. 이와 같이 기업의 매수원가와 취득한 순자산의 공정가액과의 차이인 영업권은 인식 후 상각처리하고 있다.

기업결합시 영업권이 발생하는 이유는 크게 두 가지가 있다. 첫째, 매수회사는 기업결합이 규모의 경제와 같은 시너지효과를 창출할 것이라는 기대 때문에 취득하는 개별적인 식별가능한 순자산의 공정가액보다 많이 지급하고자 한다. 둘째, 취득한 자산 중에는 회계적 자산의 정의에 부합하지 않는 자산이 포함된다. 예를 들어 삼성전자와 같은 피매수회사의 명성과 브랜드는 가치가 매우 높다고 할 수 있지만 그 실체의 개별적인 식별이 어렵고 계량화가 어렵기 때문에 자산으로 보고하지 않는다. 그러나 실제 현실에서 매수회사는 그러한 명성에 대해서도 대가를 지급하고 있다. 그리고 그러한 자산은 식별 불가능한 자산이기 때문에 영업권과 같은 무형자산에 포함하는 것이다.

한편, 재무제표상 무형자산이 차지하는 비중이 점증하고 있다. 삼성전자의 시가총액은 8월 말 현재 55조

8,710억 원으로 시가대비 유형자산은 40%에 불과하고 삼성그룹의 무형자산비중은 50%에 근접한다. SK텔레콤의 시가총액은 20조 9,509억 원으로 시가대비 유형자산은 27%에 불과하고 무형자산의 비중은 유형자산을 압도한다. 신세계, LG전자, 삼성전기, 현대모비스 등도 무형자산의 비중이 50% 수준에 이를 정도로 커지고 있다. 코카콜라와 마이크로소프트는 브랜드 가치가 순자산의 몇 배가 된다. IBM은 손익계산서에 영업이익 세부 항목의 하나인 지적자원으로부터 창출되는 이익으로 매년 1조 2천억 달러를 보고한다고 한다. 그리고 다우, 듀퐁, 인텔, 나이키, 팀버랜드 등은 기본 재무제표 이외에 환경보고서를 추가로 공시한다고 한다. 이제 무형자산은 기업의 경쟁력을 결정하는 핵심요소인 것이다.

회계는 형식보다는 경제적 실질을 중요시하며 그 이용자가 경제실체와 관련하여 합리적인 의사결정을 할 수 있도록 경제실체의 재무상태와 경영성과 및 현금흐름 등에 유용하고 적정한 정보를 제공함을 목적으로 한다. 그런데 브랜드, 지적자원, 기업문화와 환경, 그리고 최고경영자의 자질 등 무형자산은 기업가치에서 차지하는 비중이 매우 크고 수익창출의 큰 원천이 되고 있지만 현재의 회계기준에서는 측정과 평가의 어려움으로 인해 그 경제적 실질을 재무제표에 제대로 반영하지 못하고 있다. 이와 같이 무형자산을 식별하고 측정하는 것이 쉽지 않을 뿐 아니라 비용이 효익을 훨씬 초과하는 이유로 포기하는 경우가 많다. 따라서 정보이용자는 실제 거래시 다양한 전문가의 도움을 받거나 또는 도움없이 목적에 따라 다양한 방식으로 상당히 주관적 평가에 의존하는 수밖에 없다.

무형자산의 이러한 측정의 어려움에도 불구하고 측정방법론의 개발과 함께 브랜드 가치 등 비재무적인 정보를 투자자들에게 가능한 적극적으로 알릴 필요가 있다. 영국과 불란서에서는 브랜드를 이미 자산으로 인식하고 있다고 한다. 우리도 취득한 브랜드의 가치를 영업권에서 분리하여 주석에 표시하는 방법부터 보다 적극적으로 연구할 필요가 있다.

02

대체적 회계처리방법의 허용과 이익관리

2003년 2월

회계의 기능은 회계정보 이용자의 경제적 의사결정에 유용한 정보를 제공하는 것이다. 즉, 회계는 경영자, 주주, 채권자 등 기업의 이해관계자들에게 그들이 직면하고 있는 경제적 문제에 대한 합리적인 의사결정을 할 수 있도록 기업실체에 관한 경제적 정보를 제공하는 것이다. 이는 사회 전체적으로 한정된 자원의 효율적 배분에 기여하게 된다. 이처럼 회계정보가 모든 회계정보 이용자에게 유용하기 위해서는 기업의 경제적 실체를 정확하게 측정하여야 한다.

회계정보가 기업의 실체를 제대로 반영하지 못하고 기업이 정당하지 않은 방법으로 왜곡된 재무정보를 보고함으로 빚어지는 재무정보불신의 사회적 비용은 헤아릴 수 없이 크다. 현행 회계기준하에서도 정보가 왜곡되어 보고될 수 있는 취약점이 존재한다.

즉, 대체적인 회계처리방법을 허용함으로써 회계처리방법의 선택에 따라 동일한 경제실체가 다르게 측정될 수 있으며, 측정자의 의도에 의해 경제실체가 왜곡되어 측정될 가능성도 있다. 다시 말해 대체적인 회계처리방법의 허용으로 인하여 회계정보의 유용성 및 기업간 비교가능성이 저해될 수 있으며 기업경영자에 의한 이익조작 또는 이익관리의 가능성도 증대될 수 있다.

이익관리는 분식회계와 다르다. 분식회계는 자산, 부채, 이익 등 회계정보를 고의적으로 왜곡하는 행위이다. 이는 일반적으로 인정된 회계원칙을 위반하면서 회계이익을 조작하는 것이다. 반면, 이익관리는 일반적으로 인정된 회계원칙의 범위 내에서 경영자가 원하는 수준에서 회계이익을 관리하는 것이다.

이익관리는 1)경영자의 보상을 높이기 위해, 2)부채계약 위반에 따른 비용을 감소시키기 위해, 3)과다이익 보고로 인하여 정치적 표적이 되는 것을 피하기 위해, 4)법인세율 변경시 이익을 극대화하기 위해 그리고 5)이익을 유연화하기 위해 이익을 조정하는 것으로 알려져 있나. 이익관리의 대상은 경영자에 의하여 이익관리가 가능한 항목에 의하여 결정된다. 이익관리의 유형은 회계처리방법의 선택과 비용 지출 등 실제거래의 기간조정을 통해서 이루어지는 것이 일반적이다. 실제거래를 통한 이익관리는 경영자가 실제거래의 시기를 조정하여 이익을 조정하는 것을 의미하고, 회계처리를 통한 이익관리는 경영자가 회계처리방법을 선택하여 이익을 조정하는 것을 의미한다.

한국회계연구원의 회계기준위원회는 2001년 기업회계기준서 제1호에 회계변경과 오류수정을 발표하였다. 이는 민간규제기관이 제정한 우리나라 최초의 기준서이다. 1998년 4월 1일 이전 기업회계기준에서는 전기오류수정손익을 손익계산서상에 특별이익으로 보고하도록 규정하였다. 이는 고의적으로 회계오류를 범하므로써 경영자가 자의적인 이익관리를 실현하는 것을 막고자 함이었다. 그러나 과거에 발생한 회계오류의 영향이 오류를 발견한 연도의 순이익에 반영되는 결과를 가져와 재무정보를 왜곡해서 보고하는 문제점이 발견되었다. 그 후 1998년 4월 1일 이후부터 2001년 기업회계기준서 제1호가 나오기까지는 전기오류수정손익을 기초이익잉여금에서 조정하면서 이에 대한 항목과 발생사유를 주석에 공시하도록 하였으나 주석공시를 충분히 하지 않는 기업들이 많았다. 이와 같이 기준서 제1호가 나오기전까지는 전기오류수정손익을 당기손익에 반영하든지 아니면 이익잉여금에 반영하든지 하나의 획일적인 회계처리방법을 규정하고 있었다.

반면, 기업회계기준서 제1호에 의하면 전기오류수정효과는 당기손익계산서에 영업외손익인 전기오류수정손익으로 보고하는 것을 원칙으로 하되 중대한 오류는 전기이월이익잉여금에 반영하는 소급법으로 처리하고 비교대상이 되는 전기재무제표를 재작성 하도록 규정하고 있다. 이와 같이 소급법의 적용을 중대한 오류의 경우로 한정한 이유는 일반적으로 회계상의 오류는 경상적으로 발생한다고 할 수 있는데 오류수정의 회계처리에 소급법을 적용한다면 재무제표를 빈번하게 재작성 하게 됨에 따라 재무제표의 신뢰성을 훼손시킬 수 있기 때문이다.

회계오류는 과거 회계상 실수를 올해 우연히 발견해

수정하는 것으로 고의성이 없다. 그동안 우리나라 많은 기업들은 회계분식을 회계오류로 위장해 투자자 눈을 속이기도 하였다. 과거에는 획일적으로 회계오류들 당기손익 또는 이익잉여금에만 반영해왔는데 기업회계기준서 제1호에서 대체적 회계처리방법을 허용함으로써 당기손익에 반영하거나 또는 오류가 중대한 경우 이익잉여금에 반영토록 하였다.

그런데 이 규정으로 오류수정을 통한 경영자의 이익조작 의도를 원천적으로 억제할 수 있는지는 의문이다. 왜냐하면 순수한 오류로 인한 왜곡이건 오류를 가장한 의도적 왜곡이건 회계정보이용자 입장에서의 피해는 마찬가지이다. 이와같이 회계처리방식의 자율적 선택을 통한 경영자의 정당한 회계이익관리와 회계이익조작의 구분이 모호한 경계선이 있기 때문에 회계정보이용자의 세심한 주의가 필요하다고 본다.

03

기업분할의 의의와 동기에 관하여…

2003년 11월

지난 외환위기 이후 대기업들이 인력과 비용절감을 위해 사업 부문 통합과 인수 합병(M&A)을 활발하게 추진했던 것과는 정반대로 한 개의 회사를 여러 개로 쪼개는 기업분할이 또 하나의 경쟁력 강화를 하기 위한 방안으로 진행되고 있다.

기업분할이란 분할회사가 일부 자산·부채를 1개 또는 수 개의 분할신설회사에게 포괄·이전하는 경제적 사건을 말한다. 분할회사는 분할시 자산·부채를 포괄·이전하는 회사이며 분할신설회사는 분할시 자산·부채를 포괄·이전 받는 회사를 말한다. 분할일이란 기업 분할이 사실상 완료된 날, 즉 분할신설회사의 주주들이 분할신설회사의 순자산이나 영업활동을 지배하게 된 날이다.

분할에는 물직분할과 인직분할이 있는데 물직분할은 분할 또는 분할 합병으로 인하여 발행되는 주식의 총수를 분할회사가 투자주식계정을 통해 직접 소유하는 것을 말하며 인적분할은 분할로 인하여 발행되는 주식의 총수를 분할회사의 주주들에게 배분하는 것을 말한다. 분할회사는 분할을 자산·부채의 처분으로 보아 분할일의 관련 자산·부채의 공정가액과 장부가액의 차이를 처분손익으로 인식한다. 이때 분할회사의 자본항목 중 이전되는 자산·부채와 직접적으로 관련된 투자유가증권평가손익 등은 제거하고, 이를 처분손익에 반영한다.

분할신설회사는 분할을 새로운 실체의 시작으로 보아 분할회사로부터 인수한 자산·부채를 분할일의 공정가액으로 평가한다. 분할신설회사는 분할회사로부터 인수하는 순자산의 공정가액과 분할대가(발행한 주식의 액면총액과 기타 분할대가의 공정가액의 합계액) 의 차액은 주식발행초과금 또는 주식할인발행차금으로 회계처리한다.

분할신설회사가 발행한 주식을 발행회사가 직접 소유한 경우, 즉 물적 분할인 경우는 동 주식은 공정가액으로 평가한다. 반면, 분할신설회사가 발행한 주식을 분할회사가 분할회사의 주주에게 배분한 경우, 즉 인적분할인 경우는 그 배분방법에 따라 적절히 회계처리한다. 예를 들어 분할회사의 자본을 감소시키는 형태로 분할회사의 주주에게 배분함으로써 발생한 감자차손은 감자차익과 감자된 비율에 해당하는 주식발행초과금에서 순서대로 차감하고 나머지는 이월결손금의 처리 순서에 따라 회계처리한다. 이는 매수법과 유사하다.

한편, 인적분할의 경우에 분할회사는 분할로 인하여 감소된 자산·부채를 장부가액으로 이전한 것으로 하여 관련된 처분손익을 인식하지 아니한다. 이는 지분통합법과 유사하다. 분할회사가 분할대가를 전액 분할신설회사의 주식으로 받아 주주에게 그 지분율에 비례하여 배분하는 경우 분할회사의 주주는 분할회사에 존재하던 위험과 효익을 분할 후에도 계속적으로 동일하게 부담하게 된다. 따라서 분할로 인한 기업가치의 변화를 인식하는 것은 부적절하므로 분할신설회사는 분할회사로부터 인수한 자산·부채를 장부가액으로 승계한다.

또한 분할신설회사는 분할회사로부터 인수하는 순자산의 장부가액이 분할신설회사가 발행한 주식의 액면총액에 이전된 자본항목을 가감한 금액에 미달하는 경우에는 그 차액은 주식할인발행차금으로 회계처리하고, 초과하는 경우에는 그 차액은 주식발행초과금으로 처리한다.

기업분할의 동기는 크게 세 가지로 구분한다. 첫째, 사업별 전문화를 위해서다. 한화그룹은 최근 주력계열사인 한화의 무역·건설·기계사업 부문을 각각 한화와 한화건설, 한화기계 등 3개 회사로 분할하였다. 이는 새로운 도약과 글로벌 경쟁력을 강화하기 위한 것으로 각 사업부문을 업종별로 전문화한 뒤 경쟁력을 강화하려는 것이다. 코오롱상사도 스포츠·캐주얼 사업담당인 코오롱스포츠와 섬유·무역담당인 코오롱 상사, 경영컨설팅 부문 담당인 코오롱 IC 등 3개 회사로 분할하였다.

둘째, 지배구조재편을 위해서이다. LG는 지배구조를 지주회사체제로 재편하기 위해서 주력 계열사를 분할하였다. 즉 LG화학을 LGCI(지주회사)와 LG화학·LG생활건강 등 3개 회사로 분할한 데 이어, LG전자를 LGEI(지주회사)와 LG전자(자회사)로 분할하였다. 이는 사업 자회사는 사업에만 전념하고 지주회사는 투자지분 관리에만 주력하여 궁극적으로는 기업의 경쟁력을 높이려는 것이다. 철강업체인 세아제강도 자회사의 출자지분을 관리하는 지주회사인 세아홀딩스와 제조전문회사인 세아제강으로 분할하여 기업지배구조를 재편하였다.

셋째, 부실사업을 정리하기 위한 것이다. 고합은 유화사업부문인 KP케미칼과 화섬사업부문인 잔존법인으로 분할한 다음, 부실한 화섬사업을 매각 또는 청산하는 작업을 추진하고 있다. 대우중공업과 (주)대우도 이익이 나는 사업과 이익이 안 나는 사업으로 분할한 후, 부실자산을 떠 안은 잔존법인을 청산하는 작업을 진행하고 있다.

이러한 기업 분할은 가능성 있는 사업에 역량을 집중할 수 있는 효과가 있고, 같은 회사라는 이유로 우량사업부문에서 부실사업부문으로 돈이 지원되는 것을 막을 수 있는 장점이 있다.

기업분할은 분할 후 독립된 부문이 전문적인 의사결정을 신속하게 함으로써 경영성과를 높이고 경영자원을 효율적으로 활용해 기업가치를 극대화시키기 위한 것이다. 앞으로 기업분할의 효익이 비용을 초과하여 기업의 경쟁력이 더욱 향상되기를 기대한다.

04

감사위원회의 성공적 도입을 위하여…

2005년 1월

국제통화기금(IMF) 관리체제 이후 우리나라 자본시장은 기업들의 투명성 결여와 회계정보의 불신으로 인하여 많은 사회적인 문제를 경험하였다. 미국의 엔론과 우리나라 S그룹의 분식회계는 회계정보의 신뢰성 상실이 시장의 불신으로 이어진다는 것을 보여준다.

국제통화기금이나 세계은행 즉, 국제부흥개발은행은 1997년 말 외환위기로부터 초래된 경제위기의 원인이 우리나라 기업경영의 투명성 결여 때문이라 지적하고, 자금을 지원해주는 조건으로 기업경영 투명성과 회계정보의 신뢰성을 높이기 위한 여러 제도를 마련할 것을 요구하였다.

이에 따라 우리나라의 정부 및 회계연구원 등 관련 기관에서는 추락한 회계정보의 신뢰성을 회복하고자 기업회계기준 개정, 부실회사에 대한 제재 강화 등 많은 노력들을 기울여 왔다. 이러한 경영투명성과 회계신뢰성개선을 위한 정책의 일환으로 1999년 12월 31일 상법개정을 통하여 감사위원회제도를 도입하였다.

이는 우리나라의 상법상 감사제도가 경영진의 회계산출과정을 감시·감독하는 데 있어 실질적인 효과가 없다는 주장들이 제기되었기 때문이다. 증권거래법에서는 2000년부터 자산총액 2조 원 이상인 법인의 경우 3인 이상의 이사로 감사위원회 설치를 의무화하고 사외이사가 3분의 2 이상이 되도록 감사위원회 제도를 의무화하였다.

감사위원회는 독립적인 입장에서 경영진을 감독함으로써 회계정보의 신뢰성과 경영투명성을 확보하기 위한 제도이다. 이러한 감사위원회가 성공적으로 도입되기 위해서는 다음과 같은 여러 가지 제반 여건들이 마련되어야 한다.

첫째, 감사위원회가 감독기능을 효과적으로 수행하는 데 있어서 가장 중요한 요건은 감사위원회의 독립성 확보 문제이다. 감사위원회는 경영진의 업무 집행을 감사대상으로 하기 때문에 대주주나 경영진으로부터의 독립성을 확보하는 것이 중요하다.

감사위원회 위원들이 지배주주나 경영진으로부터 독립성을 확보하지 못한다면 감사위원회가 제 기능을 수행하리라는 보장은 없다. 따라서 독립성의 관점에서 감사위원회는 사외이사만으로 구성되는 것이 바람직하다. 현재 증권거래법에서는 감사위원의 3분의 2 이상을 사외이사로 하여 감사위원회를 구성하도록 규정하고 있다. 미국을 비롯한 주요 각 국은 전원 사외이사로 구성된 감사위원회를 권고하고 있다. 그러므로 감사위원회의 독립성을 확보하기 위해서는 장기적으로 전원 독립적인 사외이사로 감사위원회를 구성하는 것이 바람직하다고 본다.

둘째, 감사위원회의 전문성이 확보되어야 할 것이다. 미국의 경우 감사위원회 위원은 기본적인 회계 및 재무지식을 요구하고 있으나 한국의 경우 전문성에 대한 규정은 명시되어 있지 않다. 감사업무에 대한 전문성을 갖춘 감사위원들로 감사위원회를 구성하는 것이 감사위원회의 효과성을 높일 수 있는 전제 조건이 될 것이다. 그러므로 감사위원회를 구성하는 사외이사 가운데 적어도 1인 이상은 회계나 감사업무에 대한 전문성을 갖추도록 해야 할 것이다.

셋째, 감사위원회는 회사의 내부감사와 외부감사가 상호보완적으로 이루어질 수 있도록 역할을 수행하여야 한다. 외부인사로 구성되는 감사위원회가 일상적으로 이루어지는 경영감독 책임을 완수하기 어렵기 때문에 감사위원회와 더불어 내부감사책임자가 있어야 한다. 그리고 감사위원회는 내부감사제도를 정비하고 감사책임자를 관리할 수 있는 역할과 책임이 주어져야 할 것이다. 감사위원회가 담당한 내부통제장치가 원활하게 이루어지는 경우 외부감사기능이 더욱 효과적으로 이루어 질 수 있을 것이다.

감사위원회가 성공적으로 도입되기 위해서는 감사위원회 위원들의 적극적인 참여가 요구되며, 회사의 내부정보가 감사위원회에 충분히 제공되어야 한다. 또한 필요한 경우 외부전문가의 도움을 받을 수 있도록 충분히 예산지원이 뒷받침되어야 할 것이다.

이외에도 감사위원회의 효과를 높일 수 있는 특성이 무엇인지를 파악하는 것이 중요하다. 예를 들어 감사인의 독립성에 영향을 줄 수 있는 요인을 파악하여 객관적이고 공정한 기준에 의해서 외부감사인을 선정하고 적절한 감사보수 수준을 결정하는 것도 중요하다.

앞으로 시간이 지남에 따라 감사위원회 제도가 정착되어 감사위원회의 효과가 회계투명성의 개선효과와 더불어 경영투명성제도에 크게 기여하기를 기대해 본다.

05

이익의 지속성과 일시적 이익에 관하여…

2005년 9월

한 회계기간 동안 발생한 경영성적을 나타내는 손익계산서상의 당기순이익은 당해 기간 중에 발생한 판매관리비, 영업외수익·영업외비용, 특별이익·특별손실과 같은 여러 손익항목들을 가감하여 산출한다. 이와같이 당기순이익은 많은 손익항목들을 합한 금액이므로 당기순이익의 크기는 그 구성요소인 손익항목들의 크기에 의해 영향을 받는다. 예를 들어 매출액이 감소하면 일반적으로 영업이익이 감소하여 당기순이익이 감소하며 외화차입금에 대하여 외화환산이익이 발생하면 경상이익과 당기순이익이 증가한다. 그리고 채권자로부터 채무상환을 면제받으면 특별이익인 채무면제이익이 발생하여 당기순이익이 증가한다.

이와 같이 발생한 손익항목들은 당기순이익에 영향을 미치지만, 발생한 손익항목들의 금액이 미래에도 유사한 크기로 다시 발생할 가능성은 항목에 따라 상당한 차이가 있다. 예를 들어 올해에 발생한 채무면제이익이 내년에도 유사한 금액으로 발생할 것으로 예측되지는 않는다. 채무면제이익은 매우 드물게 발생하기 때문에 손익계산서에 특별손익으로 구분·표시된다. 경상이익으로 분류되는 외화환산이익 또한 내년에도 올해에 발생한 금액과 유사한 금액으로 발생할 것으로 예측되지는 않는다. 환율이 상승할 가능성과 하락할 가능성은 둘 다 있으므로 외화환산이익이 발생할 수도 있고 외화환산손실이 발생할 수도 있다.

이와 같은 외화환산손익의 기대치가 0이라는 점에서 외화환산손익과 특별손익은 차이가 없으며 미래의 순이익은 이들 손익의 영향을 받지 않을 것으로 예측할 수 있다. 즉 올해에 발생한 외화환산이익과 채무면제이익은 미래에도 지속적으로 발생할 가능성은 매우 희박하며 따라서 지속성이 유지되지 못하는 일회성 거래에 의한 것이다. 이러한 손익들을 일시적 손익이라고 부른다.

이익의 지속성(earnings persistence)이란 당기순이익이 미래기간에도 계속적으로 유지되는 정도를 말한다. 즉 기업의 연구개발활동으로 획기적인 신제품을 출시하거나 대폭적인 구조조정 등으로 미래의 비용을 절약할 수 있는 발판을 마련한 것 등으로 인한 순이익의 증가는 상당 기간 지속될 것으로 기대할 수 있다. 이와 같이 지속성이 유지될 것으로 기대되는 이익을 영구적 이익이라고도 한다.

이러한 지속적인 손익은 그 손익항목에 따라 지속성의 정도에 차이가 있다. 지속적 손익 대 일시적 손익의 구분은 올해의 이익실적을 구체적으로 파악함은 물론, 미래의 이익을 예측할 때 고려해야 할 중요한 문제이다. 기업회계기준에서는 당기순이익을 경상손익과 특별손익으로 구분하여 작성하도록 요구하고 있는데 이는 재무제표이용자들의 미래 이익예측을 돕는 데 그 목적이 있으며, 이는 재무보고의 목적을 달성하기 위한 노력의 일환이라 할 수 있다.

그런데 현행 기준은 특별손익은 미래 지속성이 없는 일시적 손익으로 그리고 경상손익을 구성하는 손익항목들은 모두 지속적 손익인 것으로 암묵적 가정을 하고 있다. 즉 경상손익에 포함되는 영업외수익·영업외비용 항목들은 모두 지속적 손익인 것으로 가정되고 있으며, 특별손익 만이 일시적 손익인 것으로 가정되고 있다. 그러나 이러한 단순한 구분이 지속적 손익 대 일시적 손익의 구분과 일치하는 것은 아니다. 따라서 국제회계기준위원회는 2002년에 특별손익을 폐기하는 손익계산서 구조개선시안을 발표하였다.

연구에 의하면 특별손익은 물론 상당수의 영업외손익 항목들이 일시적 손익임을 나타내고 있다. 영업외손익 항목 중에서 지속적 손익후보는 순이자비용, 지분법 평가손익, 임대료, 배당금수익 등이고, 일시적 손익후보는 유가증권 평가손익, 유가증권 처분손익, 외환차손익, 외화환산손익, 사채상환손익, 고정자산처분손익, 파생상품거래손익 등이다.

이러한 일시적 손익 후보들은 대부분 시장의 가격변동에 따라 발생하는 손익들이다. 이 중 어느 일시적 손익이 크게 발생하면 경상손익이 상당한 영향을 받게 된다. 따라서 특별손익이 없었다고 하여 단순히 경상손익을 미래이익예측의 근거로 삼는 것은 위험할 수 있다.

미래이익예측은 회계정보 만이 아니라 비재무적 정보를 포함한 다양한 정보를 필요로 하며 객관적 또는 주관적 가정과 판단을 포함한다. 회계정보는 객관성과 보편성을 위해 표준화된 정보이다. 따라서 정보이용자는 자신의 용도와 목적에 따른 개별적이고 특수한 정보를 위한 별도의 노력을 해야 한다.

06

감사위원회의 효과적인 운영에 관하여…

2006년 6월

국제통화기금(IMF) 관리체제 이후 우리나라 자본시장은 기업의 투명성 결여라는 비난과 함께 회계정보의 불신을 경험하였다. 그 후 기업지배구조 개선을 통한 기업의 경영투명성과 회계정보의 신뢰성을 높이기 위해 우리나라 정부 및 회계연구원 등 관련기관에서는 기업회계기준의 개정, 부실회사에 대한 제재 강화 등 회계환경개선을 위한 정책의 일환으로 1999년 1월 상법 개정을 통하여 감사위원회 제도를 처음 도입하였다.

2001년 1월 개정된 증권거래법에서는 2000년부터 자산총액 2조 원인 대형 상장법인 및 협회등록법인의 경우 3인 이상의 이사로 감사위원회 설치를 의무화하고 사외이사가 3분의 2 이상이 되도록 감사위원회 제도를 의무화 하였다.

감사위원회(Audit Committee)는 독립적인 시각에서 경영진에 대한 감독을 효율적으로 수행하도록 하기 위해서 도입된 제도이다. 그리고 경영자의 재무보고과정 전반에 대한 감시기능을 이사회로부터 위임받은 이사회내의 하부위원회로서 공정한 재무보고서의 작성과 보고, 그리고 소유주와 경영자간에 발생할 수 있는 정보비대칭(information asymmetry) 문제를 해결하고 정보흐름의 질을 높이기 위해 도입된 기구이다.

감사위원회 제도는 자본시장이 발달한 선진 각국에서 기업지배구조의 핵심분야로 인식되고 있으며, 기업의 내부통제 제도의 근간을 이루고 있는 감시기구로서의 역할을 수행하게 된다. 한국상장회사협의회의 상장회사 표준감사위원회규정(2001)에 의하면, 감사위원회는 감사인으로부터 회사가 회계처리 등에 관한 회계처리기준을 위반한 사실을 보고받으며, 중요한 회계처리기준이나 회계추정 변경의 타당성을 검토하는 역할을 하도록 하고 있다. 또한 감사위원회는 감사인과 긴밀한 협조관계를 유지하며, 감사인과 회사의 내부통제제도 및 재무제표의 정확성 등에 관하여 의견을 교환할 수 있다.

우리나라에 감사위원회 제도가 도입된 것은 단독기관의 형태로 운영되는 감사제도의 독립성을 확보하기 위한 것이다. 현행 감사제도는 1963년 개정된 상법에서 도입된 이후 많은 문제점을 지녀왔다. 이러한 문제점을 해결하기 위해서 여러 차례 상법 개정이 이루어져 왔으나 그 실효성을 거두지 못하였다. 그에 대한 가장 큰 원인은 감사가 주로 기업 내부인사 중에서 선임되어 대주주나 경영자로부터 독립성을 확보하지 못하였다는 데 있었다. 감사위원회는 독립성을 확보하기 위해서 사외이사들로 구성되며, 경영진은 독립적인 시각에서 감독함으로써 회계정보의 신뢰성과 경영투명성을 확보하기 위한 제도라고 할 수 있다.

감사위원회는 이사회제도가 발달한 미국에서도 그 효과에 대하여 상반된 주장이 제기되어 왔다. 이 제도에 대한 비판론자들은 감사위원회는 소유와 경영이 실질적으로 분리되어 있는 경우에 적절하며, 그렇지 않은 경우에는 그 역할을 충분히 수행할 수 없다는 주장을 하고 있다.

우리나라에서도 감사위원회가 도입될 당시부터 이에 대한 비판이 제기된 바 있다. 그 근거로서 우리나라 대부분의 기업들은 소유와 경영이 실질적으로 분리되어 있지 않기 때문에 우리나라 기업현실에서는 부적절하며, 특히 사외이사는 재무정보에 대한 접근이 어려워 경영진을 감독하기 어렵다는 비판이 제기되었다.

또한 이미 상법상으로 여러 가지 권한을 갖고 있는 감사제도가 정착되어 있기 때문에 새로운 제도를 도입하기보다는 기존 제도를 효과적으로 운영하는 것이 더욱 중요하다는 점도 비판의 근거로 제시되었다. 많은 기업에서 감사위원회가 만장일치로 의사결정을 하고 있으며 소수의견이 있다고 해도 의견 조정단계에서 소수의견을 보인 위원이 전원합의의 방향으로 소수의견을 조정하는 경우가 많다고 한다. 이는 감사위원회가 아직 정착되지 못하고 있으며, 형식적으로 운영되고 있음을 시사한다.

이러한 감사위원회 제도는 우리나라의 경영환경을 충분히 고려하지 않고 국제금융기관의 강력한 권고에 의해서 다소 조급하게 도입된 점을 부인할 수 없다. 우리나라의 경우 사외이사를 비롯한 대부분의 임원이 대주주나 경영진의 추천에 의해서 선임되기 때문에 감사위원회가 실질적인 독립성을 갖기가 어렵다고 한다. 또한 회계에 관한 전문지식을 가지고 있는 인사를 사외이사로 선임하기도 어려운 실정이라고 한다. 그리고 사외이사의 경우 회사내부의 정보에 접근할 수 없기 때문에 경영진을 효과적으로 감독하기에는 어려운 점이 많다고 한다.

감사위원회 제도의 긍정적 기능과 그 역할에도 불구하고 2001년 말 분식회계로 인한 엔론사의 파산은 감사위원회 제도의 도입 자체만으로는 감사위원회의 역할을 제대로 할 수 없음을 보여 주었다. 엔론사의 파산은 감사위원회 제도의 도입뿐 만 아니라 감사위원회의 구성과 효과적인 운영을 위한 제도정비에 대한 관심을 불러일으키는 계기가 되었다. 지난 2003년에 개최된 회계제도 선진화 방안에 대한 공청회에서도 감사위원회 제도에 대한 전반적인 검토의 필요성이 제기되었다고 한다.

지금까지 학계에서 연구된 바로는 감사위원회 도입 자체보다는 운영이 중요하다고 밝혀졌으며 감사위원회의 특성을 독립성, 전문성, 활동성으로 나눌 때 활동성만 유의하게 나타났다. 따라서 감사위원회 제도의 도입만으로는 신뢰성 있는 회계정보 제공이라는 소기의 성과를 달성할 수 없고 제도의 효과적인 유영과 실질적인 역할 부여에 더욱 관심을 가져야 한다고 본다.

07

부문별 정보공시에 대한 체계적 기준의 필요성

2006년 11월

기업의 사업규모와 영역이 커지면서 투자자와 재무분석가 등 정보이용자들의 정보에 대한 요구수준이 더욱 높아지고 있다. 투자자와 재무분석가들은 기업 전반에 걸친 정보뿐만 아니라 동일기업이 영위하는 각 부문에 대한 별도의 회계정보를 필요로 한다. 이러한 정보이용자들은 기업으로부터 부문별 정보를 제공받음으로써 기업성과에 대한 이해와 기업전반에 대한 평가능력을 높일 수 있는 기회로 활용하게 된다.

부문별공시에 대한 미국 회계기준이나 국제회계기준의 내용에서 확인할 수 있는 부문별 보고의 전제조건은 재무적인 보고부문과 잘 정비된 내부회계관리시스템의 존재에 있다고 볼 수 있다. 부문별 정보에 대한 공시는 과도한 추가적 공시비용 없이 기존 조직구조상 내부적으로 쉽게 산출될 수 있는 정보를 요구한다.

부문별정보는 기업 전체에 대한 회계정보를 분할하여 산출하는 것이 아니라 기업내부에 이미 존재하는 부문의 정보를 재구성하여 산출한다고 볼 수 있다. 우리나라의 경우 내부회계관리시스템의 구축 및 운용은 몇몇 대기업을 제외하고는 미비한 실정이어서 아직 많은 제도적 보완이 필요한 실정이다.

부문별정보 공시는 지역별, 사업부문별로 동일한 영업의 단위에서 부문을 구분하여 영업의 결과를 보고하는 것이다. 우리나라에서는 부문별 정보를 보충적 주석사항으로 기재하고 있다. 부문별 공시는 기업을 분석하고 기업에 투자하는 회계정보이용자들에게 매우 중요한 정보전달의 수단이 된다.

예를 들어 삼성전자의 경우 크게 반도체와 가전부문으로 구분되지만 삼성전자의 주 재무제표는 이를 구분하여 보고하지 않는다. 삼성전자의 가전과 경쟁하는 경쟁사의 입장에서는 삼성전자의 가전부문 영업결과에 관심이 있을 것이다. 삼성물산의 경우 건설과 종합상사가 있으며 매출과 이익이 발생하는 부문 간에 큰 차이가 있지만 서로 다른 성격의 이 두 부문을 통합하여 보고하고 있다. 그러나 건설의 경우에는 내수에 의존하는 비율이 높을 것이며, 종합상사 부문은 수출이 중요하다. 이러한 경우에는 특히 부문별 공시가 의미하는 바가 크다고 할 수 있다.

미국의 경우 1970년 SEC(증권거래위원회)의 10-k 보고항목으로 부문별 정보의 공시를 의무화하였고 1976년에는 회계기준(SFAS No.14)이 제정되어 부문별 공시의 회계지침이 되어 왔다. 그러나 SFAS No.14는 재무분석가나 투자자가 이용하기에는 부문의 수에 대한 정보가 부족하고 경영자의 부문별 공시의사결정에 대한 재량권이 많아 일부에서는 오히려 정보비대칭이 증가하는 현상이 나타났다고 한다.

한편, 한국기업들이 영위하는 사업이 점차 부문적으로 혹은 범세계적으로 다각화되어가고 있는 시점에서 미국과 같이 재무제표 및 내부회계관리시스템의 중요성이 더욱 커지고 있다. 따라서 부문별 정보에 대한 공시는 정보제공자의 관점뿐만 아니라 정보이용자에게도 더욱 심화되는 경쟁시장에서 중요한 정보가 될 것으로 본다.

또한 부문별 정보의 보고가 의무화된 기업이 부문별 보고를 이행할 수 있는 부문화된 내부보고시스템을 가지지 못한 경우에 상당한 추가적인 정보산출 비용이 발생할 수 있다. 한편, 부문별 정보에는 세부적인 정보지침이 존재하지 않아 기본자료에 대한 왜곡이 발생할 수 있어 오히려 정보유용성이 줄어들 수 있고 자료에 대한 올바른 해석능력이 없는 정보이용자들에게 혼란스러운 정보를 제공할 가능성이 있을 수 있다.

또한 부문별정보에 대한 공시는 치열한 경쟁에 있어 위협요소가 될 수도 있다. 하지만 부문별 정보를 공시함으로써 위협요소에 비해 긍정적 효과가 더 클 경우 기업의 공시항목에 포함되어야 한다고 본다. 현재 사업부문별 정보에 대한 기준서는 제정되지 않았지만 한국회계연구원의 중·장기 과제로 설정되어 있는 상태이다. 앞으로 현행 부문별 정보 공시지침인 기업회계기준해석을 보완하여 보다 이론적이고 논리적으로 체계화된 기준의 개발이 필요하다고 본다.

08

영업권회계의 국제적 정합성에 관하여…

2007년 11월

미국재무회계기준위원회(FASB)가 1999년 사업결합과 무형자산에 관한 공개초안을 공표한 이후, 무형자산의 상각이 경제적 실질을 반영하는 유용한 회계정보인가에 대한 많은 논란이 있었다. 그 후 미국은 2001년 재무회계기준(SFAS) 제142호에서 영업권을 상각하지 않고 감액평가하는 회계처리를 채택하였다.

국제회계기준위원회도 2004년 3월 국제재무보고기준(IFRS) 제3호에서 미국과 동일하게 영업권을 감액평가하기로 결정하였다. 또한 국제회계기준위원회는 부채의 정의를 충족시키지 못하는 부의영업권이라는 개념은 존재하지 않는 것으로 결론지었으며, 이에 상당하는 금액, 즉 피결합회사 순자산의 공정가액의 지분액이 취득원가를 초과하는 금액을 당기에 전액 이익으로 인식하는 회계기준을 제정하였다.

현행 미국회계기준은 이러한 초과액을 식별가능한 비화폐성자산에서 비례하여 감액하는 방법을 채택하고 있어 국제재무보고기준과는 차이가 있으나, 2005년 6월 공표한 공개초안에서는 국제회계기준과 동일한 방법으로의 개정을 제안하였다.

우리나라는 기업인수·합병등에관한회계처리준칙에서 영업권을 무형자산으로 인식하고 20년 이내의 기간에 걸쳐 정액법으로 상각하도록 규정하고 있으며, 염가매수로 인한 부의영업권(취득원가가 비화폐성자산의 공정가액을 초과하지 않는 금액)은 무형자산의 차감계정으로 표시하고, 비화폐성자산의 가중평균내용연수에 걸쳐 정액법에 의하여 이익으로 환입하도록 규정하고 있어 국제적 회계기준과는 차이가 있다.

따라서 회계기준의 국제적 변화에 따라 한국회계기준원에서는 현행 기업인수합병등에관한회계처리준칙을 대체할 사업결합 기준서에 대한 제정작업에 착수한 결과 한국회계기준원 산하에 있는 회계기준위원회는 2004년과 2005년에 각각 공개초안을 거쳐 2005년 8월에 제정안을 의결하였으며 금융감독위원회의 검토 등의 후속 절차가 남아 있어 기준서는 즉시 일반에 공표하지는 않았다.

한편 영업권 감액평가방법은 그 시행시기를 2009년 이후로 미루었는데 그 이유는 영업권 감액검사 적용이 현실적으로 매우 어렵다는 1차 공개초안의 의견조회 결과에 따라 2차 공개초안에서는 실무적 현실을 개선할 수 있는 기간(시행일 이후 3년)동안 한시적으로 현행 기준과 같은 상각을 적용하기로 하였다.

회계기준위원회는 식별가능한 자산과 부채의 평가에 오류가 없고 공정한 대가가 지급되었다면 초과분이 발생하는 경우는 매우 드물 것이며, 초과분의 존재시 재측정을 강제하기 때문에 공정가액의 측정이 어려운 항목에 대해 보수적인 추정을 하게 된 것이고, 실질적으로 미국회계기준하의 자산비례감액처리 결과와 큰 차이가 없을 것이라고 주장하였다.

그러나 과거 우리나라의 인수·합병 거래에서 부의영업권이 발생하는 경우는 상당히 존재하였고, 이 경우 식별가능한 자산과 부채의 평가에 오류가 없고 공정한 대가가 지급되었다는 전제가 성립되는지에 대하여도 많은 의문이 제기되고 있다. 이러한 경우 부의영업권을 일시에 이익으로 인식하면 이익정보의 왜곡이 발생할 수도 있다는 주장에 따라 회계기준위원회에서는 미국의 비례감액방법의 채택을 검토하기도 하였다. 그러나 제정안에서는 즉시 이익 환입방법을 최종으로 채택하였다. 이렇게 함으로써 다른 기업회계기준서와 일관되게 국제회계기준과의 정합성을 지향할 수 있게 되었다.

최근의 연구결과에 의하면 영업권상각비는 주식가치와 유의한 관련성을 나타내지 않았으며 영업권은 주식가치와 유의한 양의 관련성을 갖는 자산임이 검증되었다. 따라서 회계기준위원회의 영업권상각에 관한 기준개정방향은 시장참여자들의 주가반응과 일관되는 것으로 그 타당성이 인정된다고 할 수 있다.

한편, 부의영업권과 부의영업권환입액은 주식가치와 유의한 음의 관련성을 갖는 것으로 나타났는데 이 또한 기업회계기준의 개정을 지지하는 증거로 사용될 수 있다. 그러나 부의영업권과 부의영업권환입액이 주식가치와 유의한 음의 관련성을 나타낸다는 것은 현재 시장참여자들은 부의영업권을 염가매수의 이익으로

도 인식하지 않는 것을 의미한다. 따라서 사업결합으로 취득한 자산의 공정가액과 매수대가가 공정하게 결정되었는지에 대한 확인이 무엇보다 중요할 것으로 판단된다.

또한 부적절한 공정가액 평가와 기타 법률적·환경적 제약에 의한 매수대가의 왜곡이 발생할 수 있기 때문에 이에 대한 적절한 회계처리 및 감사가 이루어지지 않을 경우, 개정된 회계기준에서는 그 차액이 당기의 이익으로 왜곡되어 보고될 위험이 존재한다.

앞으로 좀 더 많은 연구가 이루어져서 새로운 기준서의 제정이 회계정보의 유용성을 높이는 데 기여할 수 있는지에 대한 근거자료로 활용되어야 하겠다.

09

K-IFRS의 유형자산 손상차손회계에 관하여…

2008년 6월

금융감독위원회는 국내 기업들의 재무보고를 글로벌 스탠더드로 상향시켜 회계투명성을 제고할 것을 목적으로 2007년 12월 '한국채택 국제회계기준(K-IFRS)'을 최종 의결하였다. 이에 따라 K-IFRS는 2011년부터 모든 상장회사들을 대상으로 적용되고, 조기 도입을 희망하는 상장사는 2009년부터 적용된다. K-IFRS에 따른 가장 큰 변화는 주재무제표가 개별재무제표에서 연결재무제표로 바뀌고 자산부채의 평가방식도 취득원가 외에 공정가치로 평가할 수 있도록 하고 있다.

자산 중 유형자산은 대부분 거액으로 회사의 자산을 구성함에 있어 중요하고, 그 경제적인 효익이 장기에 걸쳐 제공된다. 유형자산은 사용되는 시가의 등락에 따라 영향을 받지는 아니한다. 따라서 유형자산의 경제적인 효익은 경제적 내용연수를 통하여 감가상각 방법으로 비용화되기 때문에 감가상각은 유형자산에 대한 평가의 의미가 아닌 장기적으로 제공하는 경제적인 효익에 대한 원가인식의 과정일 뿐이다. 따라서 역사적으로 유형자산에 대해서는 특별한 사유가 없는 한 평가감을 인식하지 않았다.

그러나 최근 도입된 기업회계기준서에서는 어떠한 원인에 의하여 유형자산의 사용가치가 하락하였다면 그 가치의 하락분을 자산가치에 반영해야 한다고 규정하고 있으며 개정된 기업회계기준에서는 유형자산의 회수가능금액에 의한 평가규정을 신설하였다. 이는 국제회계기준과 일치하는 규정이다.

기업회계기준서에 의하면 유형자산의 진부화 또는 시장가치의 급격한 하락 등으로 인하여 유형자산의 미래 경제적 효익이 장부가액에 현저하게 미달할 가능성이 있는 다음과 같은 경우에는 감액손실의 인식여부를 검토하여야 한다. 즉, 유형자산의 시장가치의 현저한 하락, 유형자산의 사용강도나 사용방법에 현저한 변화가 있거나 심각한 물리적 변형이 있는 경우, 법률이나 기업환경의 변화, 또는 규제 등으로 인해 해당 유형자산의 효용이 현저하게 감소된 경우, 또한 해당 유형자산으로부터 영업손실이나 순현금유출이 발생하고 미래에도 지속될 것이라고 판단된 경우이다.

이와 같이 유형자산의 감액가능성이 있다고 판단되고 당해 유형자산의 사용 및 처분으로부터 기대되는 미래의 현금흐름 총액의 추정액이 장부가액에 미달하는 경우에는 장부가액에서 회수가능가액으로 조정하고 그 차액을 감액손실로 처리한다. 여기서 장부가액이란 자산의 취득원가에서 감가상각누계액과 감액손실누계액을 차감한 금액을 의미한다. 회수가능가액은 순매각가액과 사용가치 중 큰 금액을 말한다. 순매각가액은 합리적인 판단력과 거래의사가 있는 제 3자와의 독립적인 거래에서 매매되는 경우의 예상처분가액에서 예상처분비용을 차감한 금액을 말한다. 사용가치는 해당 자산 또는 자산그룹의 사용으로부터 예상되는 미래현금흐름의 현재가치를 말한다.

한편, 차기 이후에 감액된 유형자산의 회수가능가액이 장부가액을 초과하는 경우에는 그 자산이 감액되기 전의 장부가액을 감가상각한 후의 잔액을 한도로 하여 그 초과액을 감액손실환입으로 처리한다. 감액손실은 영업외비용으로 처리하고 감액손실누계액은 해당자산의 취득원가에서 차감하는 형식으로 표시한다.

국제회계기준위원회는 1998년 6월에 자산손상에 관한 회계처리인 국제회계기준 제36호를 공표하였으며 이는 2004년 3월에 개정되었다. 국제회계기준 제36호는 자산의 회수가능가액이 장부가액에 미달하는 경우에 자산손상을 인식한다. 여기서 회수가능가액(recoverable value of asset)은 자산의 매각가액(selling price of the asset)과 자산의 사용으로부터 예상되는 미래 현금흐름의 현재가치를 말한다. 두 측정치는 모두 미래 현금흐름의 현재가치이다.

한편 미국회계기준에서는 자산손상의 측정에 앞서 먼저 자산손상의 존재여부를 할인이 안된 미래현금흐름에 의존하여 판단하고 있으며 자산손상은 할인된 미래현금흐름에 의해 측정하고 있다. 또한 자산손상 이후 자산손상의 회복을 허락하지 않고 있다.

미국의 자산손상에 관한 회계기준은 자산의 공정가치가 장부가치에 미달하더라도 할인이 안된 미래현금흐름이 장부가치를 초과한다면 자산손상은 인식되지 않는다.

그러나 국제회계기준은 미국회계기준에서 채택하고 있는 할인이 안된 현금흐름기준을 채택하지 않고 있다. 우리나라의 자산손상에 관한 현행 기준은 미국보다는 엄격한 국제회계기준을 따른 것이고 회수가능가액이 장부가치보다 낮을 경우 감액손실을 인식하도록 하고 있다. 반면 K-IFRS에서는 손상검사를 수행하는 시점, 빈도와 자산손상의 지표를 규정하는 현금창출단위를 식별하여 영업권을 배분한 후 손상검사를 실시하도록 하는 등 보다 구체적인 지침규정을 제시하고 있다.

앞으로 K-IFRS의 성공적 도입과 정착을 위해 현행 기준과의 차이에 따른 영향에 관한 충분한 사전연구와 전문가의 양성이 요구된다.

10

파생상품 공정가치회계에 대한 이해

2008년 12월

미국의 서브프라임 주택담보대출(모기지) 부실이 초래한 글로벌 금융위기로 인해 2008년 10월은 온 국민이 과거의 외환위기를 떠올리며 공포로 지낸 한 달이었다. 국내 주식시장도 급락해 10월 한 달간 개인투자자들이 보유했던 주식 관련 자산이 80조 원이 급감했다고 한다. 최근 미국계 투자은행(IB)인 '리먼 브라더스' 사태로 환매가 중단된 파생상품펀드 투자자들은 판매사 등을 상대로 원금을 돌려달라는 소송을 내기로 했다고 한다. 이 펀드는 급락해 99%의 평가손실을 냈다. 이와 같이 미국에서 시작된 금융위기로 인해 파생상품의 손실위험이 커졌다는 기사가 자주 등장하고 있다.

파생상품(derivatives)은 금융 및 자본시장의 세계화와 함께 주가, 금리 및 환율 등 금융시장 변수들의 가격변동위험을 회피하기 위해 도입되었다. 파생상품은 기초자산(underlying assets)의 가격에 의해 그 가치가 결정되는 상품이다. 파생상품의 가치를 결정하는 기초자산의 가격을 기초변수라고 한다. 즉, 파생상품은 각종의 기초변수로부터 파생되어 만들어진 계약을 말한다.

파생상품의 대표적인 유형에는 선도계약, 옵션, 스왑이 있다. 선도계약은 미래 일정시점에 현재 약정된 가격에 의하여 계약상의 특정자산을 사거나 팔기로 합의한 두 당사자간의 계약을 말한다. 선도계약의 매수자는 매도자로부터 계약만기에 약정된 금액을 지급하고 일정량의 통화 등을 인도받는다. 예를 들어, 한국회사는 미국에 있는 회사에 상품을 판매하고 한달 후에 100달러를 수취하기로 한다. 한국회사는 계약시점에 1개월 선도환율이 1달러=900원일 때 100달러를 한달 뒤 매도하는 선도계약을 체결한다. 한달 뒤, 한국회사는 100달러를 지급하고 현금 9만 원을 수취한다. 이와 같은 계약을 선매도(short position)라 한다. 만기일에 현물환율이 선도환율보다 높으면 낮은 선도환율에 매도해야 하므로 손실을 보게 된다. 반면 만기일에 현물환율이 선도환율보다 낮으면 높은 선도환율에 매도하게 되므로 이익을 보게 된다.

옵션은 미래 일정 기간 내에 미리 정한 가격(행사가격)에 특정자산을 사거나 팔 수 있는 권리를 옵션매입자에게 부여하는 계약이다. 선도계약, 선물계약, 스왑에서는 계약을 이행해야 하는 의무가 주어지지만, 옵션에서는 옵션매입자에게는 권리만을 부여하지만 옵션발행자 입장에서는 옵션 행사 시 의무를 갖게 된다. 최근 중소기업들에게 문제가 되고 있는 키코(KIKO)는 환율옵션복합상품으로 환율이 일정 구간 안에 있으면 중소기업이 수익을 얻지만 구간 밖에서는 손해를 보는 구조다. 즉 환율이 일정 범위 내에서 움직일 경우 기업이 미리 정한 환율로 외화를 은행에 팔 수 있는 권리를 주는 복합적 구조를 가진 파생상품이다. 그런데 환율이 구간을 벗어나면 중소기업이 계약액의 2~3배에 달하는 달러를 시중에서 구입해 은행에 계약환율로 팔아야 하는 의무를 졌기 때문에 손실을 보게 되는 상품으로 그 구조 자체가 어렵고 투자자에게 불리해서 문제가 된

상품이다.

스왑은 미리 약정한 가격의 변동에 기초하여 특정기간 동안 발생하는 일정한 현금흐름을 다른 현금흐름과 미래에 서로 교환하기로 약속한 두 당사자간의 계약이다. 최근 글로벌 금융위기의 주범이 된 신용부도스왑(CDS)는 채권투자자가 발행기업의 부도로 원금을 돌려받지 못할 경우에 대비해 가입하는 일종의 보험상품이다. 채권투자자는 회사채 등을 인수할 때 신용위험에 해당하는 프리미엄을 은행이나 보험사에 지불하고, 프리미엄을 받은 금융회사는 회사채가 부도날 경우 원리금을 대신 갚아주도록 되어 있다. CDS는 채권의 신용위험만을 분리해 시장에서 사고파는 금융파생상품으로 프리미엄이 낮아졌다는 것은 그만큼 신용도가 좋아졌다는 의미이다. 국가간의 통화스왑은 외환부족에 대비해 서로의 화폐를 맞교환하는 것으로 주로 중앙은행끼리 협정을 체결하는 경우가 많다.

파생상품거래는 크게 위험회피목적거래 및 매매목적거래로 구분된다. 위험회피거래는 파생상품거래를 통해 노출되어 있는 기초변수의 변동위험을 회피하기 위함이다. 매매목적거래는 기초변수의 변동위험에 노출된 현물이 없이 오직 투기를 목적으로 하는 파생상품거래이다. 기업회계기준 제70조에 의하면 모든 파생상품의 평가는 공정가액으로 한다. 공정가액은 해당 파생상품의 현행 현금흐름 등가액을 반영하므로 기업실체의 유동성이나 지급능력을 평가하는 데 있어서 과거의 거래정보인 취득원가보다 재무제표 이용자들에게 유용한 정보를 제공한다.

한편 매매목적 파생상품의 평가손익은 전액 당기손익으로 처리한다. 반면, 위험회피목적의 파생상품거래에서 발생한 평가손익의 회계처리는 위험회피유형에 따라 다르다. 위험회피수단으로 지정된 파생상품이 공정가액 위험회피인 경우 파생상품평가손익과 위험회피대상항목의 공정가액 변동손익은 당해 연도의 손익으로 인식한다. 그러나 현금흐름 위험회피인 경우 파생상품평가손익은 기타포괄손익으로 계상한 후 예상거래가 당기손익에 영향을 미치는 기간에 당기손익으로 인식하거나 예상거래가 실행되는 시점에 관련 자산·부채에 가감한다.

시장참여자 입장에서 파생상품에 대한 공정가치회계가 기업의 재무제표에 미치는 영향에 대한 이해는 매우 중요하다. 파생상품의 손실이 커지면서 시장에서 파생금융상품의 개발이 한동안 정체될 수도 있다. 그러나 파생상품은 금융시장에서 생기는 여러 가지 위험을 통제하기 위해 만든 발명품이다. 파생상품의 정확한 이해와 투명성제고 노력과 함께 금융감독당국은 파생상품에 대한 리스크 관리감독을 더욱 강화해야 한다.

11

FASB의 시가평가제의 완화를 보면서…

2009년 7월

시가평가제는 기업이 보유한 자산의 가치를 시장가격으로 평가하는 회계기준을 말한다. 미국 재무회계기준위원회(FASB)는 2001년 발생한 '엔론 회계부정 사태' 이후 회계투명성을 높이기 위해 지난 4월 시가평가제(mark-to-market)의 기준을 완화한다고 발표하였다.

국제회계기준위원회(International Accounting Standards Board: IASB)도 파생금융상품에 대한 보유목적을 변경할 경우 시가평가기준을 탄력적으로 운용할 수 있도록 지난해 말 국제회계기준을 변경하였다. HSBC와 도이체방크, BNP파리바, USB 등 유럽계 대형은행 10개 회사는 2008년 회계결산 때 파생금융상품의 보유목적을 매매목적에서 위험회피목적으로 변경함으로써 시가평가 회계기준을 완화해 최종 손실액 가운데 약 200억 달러를 축소시켰다고 보도하였다.

최근 금융위기로 인해 금융자산가격이 비정상적으로 폭락하자, 과연 시장가격이 공정가치인가에 대한 의문이 제기되었다. 왜냐하면 기업입장에서는 아직 팔지도 않았고 팔 의사도 없는 주식이나 채권, 파생상품의 시장가격이 하락하였다는 이유만으로 마치 큰 손실을 본 것처럼 회계장부에 기록하게 되고 이는 투자자들의 외면을 받게 되기 때문이다.

금융자산은 단기매매, 만기보유 그리고 매도가능 금융자산으로 구분된다. 단기매매금융자산은 단기간 내 매매 차익을 목적으로 하는 주식이나 채권 등을 말하며 시장가격의 변동을 당기손익으로 반영한다. 만기보유금융자산은 가격하락이 일시적이 아니거나 특수한 상황이 아닌 이상 시가평가제의 대상이 아니다. 그러나 매도가능금융자산의 경우 시장가격의 변동을 자본조정으로 처리하지만 가격 하락이 일시적이 아닌 경우(예를 들어 통상 6개월 이상 장기간 큰 폭으로 하락하였을 때) 그 차액은 모두 당기손익계산에 포함한다.

이번 금융위기로 인해 FASB는 시가평가제를 적용하지 않아도 되는 예외 상황을 명시하였다. 이는 금융자산의 거래 규모와 수준이 급격히 감소할 때, 금융자산의 거래환경이 비정상적이어서 거래가 거의 이루어지지 않을 때, 정부나 공적 기관 등 특정 상대와 거래해야 할 때 등이다. 또한 금융자산의 가격은 기업 스스로 적합한 가치평가모형을 사용해서 합리적인 방법으로 추정하도록 함으로써 기업의 재량권이 크게 늘어났다.

미국은 이전에는 금융상품의 가격이 장부 금액보다 하락하고 그러한 하락이 일시적이 아닌 경우, 이를 모두 손익계산서에 당기손실로 인식하였다. 그러나 FASB는 이번에 만기보유목적과 매도가능목적인 자산의 가격이 폭락하더라도 당기손실에 반영하지 않을 수 있는 예외적인 경우를 규정하였다. 즉, 채권발행기관의 신용도 하락으로 인한 가격 하락은 당기손실로 인식하고, 매각 의도가 없는 금융자산의 일시적 가격하락은 자본조정으로 처리하여 손익계산서에 표시하지 않고 직접 자본의 감소로 나타내도록 하였다. FASB는 이처럼 시가평가제 회계기준을 완화하는 대신 기업이 어떻게 금융자산의 공정가치를 계산하였는지, 그 과정을 1년

1회 공시에서 1년 4회 공시로 강화하였다.

그러나 공정가치의 계산법을 공시하고 공시를 강화한다고 해서 일반투자자가 복잡한 계산법을 이해하고 또한 제시된 가치가 공정한 가치인지 판단하기란 예전보다 더욱 어렵게 되었다. 월가는 이번 시가평가제 완화로 은행들의 이익이 약 20% 늘어날 것으로 추정하고 있다. 버냉키(Bernanke) 미 연준(FRB) 의장은 "금융자산 가격을 합리적으로 회계에 반영할 수 있게 되었으며, 공시를 통해 기업들이 금융자산가격을 왜곡하는 일을 막을 수 있다"고 말했다.

그러나 시가평가제의 완화가 투자자산의 가치하락을 충분히 반영하지 않음으로써 부실 규모는 줄일 수 있겠지만, 자칫 이것이 현실을 회피하는 분식으로 이해되어 해당 금융기관들에 대한 불신을 키우는 결과를 낳을 수 있다. 누리엘 루비니(Roubini) 뉴욕대 교수와 폴 크루그먼(Krugman) 프린스턴대 교수는 최근 시가평가제를 완화한 데 대해 "부실자산의 인식과 처리가 지연돼 더 큰 문제를 초래할 가능성이 있다"고 경고하였다.

우리나라는 1990년대 후반 IMF의 권고로 시가평가

제를 도입하였고 매도가능금융자산의 시가변동은 당기손실로 인식하지 않고 자본조정으로 처리하고 있다. 단지 채권 발행기관의 신용위험이 높아져서 회수가능성이 낮아지는 경우에만 손실로 인식하고 있다. 우리나라는 2011년부터 국제회계기준이 전면도입된다. 우리도 시가평가제의 완화제도가 자칫 부실자산의 규모를 키우는 것은 아닌지 충분한 논의가 필요하다고 본다.

12

파생금융상품회계에 대한 一長一短

2010년 4월

2008년 가을 서브프라임 모기지(비우량주택담보대출) 사태가 전 세계 금융시장을 강타한 이후 우리 경제에 미친 파생금융상품에 따른 피해는 매우 컸다. 중소 수출기업들이 환차손을 피하기 위해 은행의 환헷지 상품에 가입했다가 환율급등으로 2조 5000억 원의 환차손으로 막대한 피해를 입었다는 기사를 읽은 적이 있다.

파생금융상품은 금리, 환율, 주가의 변동으로 인해 기초 자산의 가치가 변동하는 위험을 회피하기 위해 고안된 금융상품이다. 파생이라는 단어를 국어사전에서 찾아 보면 '사물이 어떤 근원으로부터 갈려 나와 생김'으로 정의 되어 있다. 파생금융상품은 돈을 꾸고 빌리는 것, 주식 및 외환 거래 등과 같은 전통적인 금융 상품의 거래로부터 변형된 상품이다.

파생금융상품의 개념을 설명하기 위한 재미있는 일화가 있다. 기원전 6세기경 그리스 철학자 탈레스가 날씨를 관측해 이듬해 올리브 농사가 풍년이 될 것을 예측하고 자신의 마을에 있는 모든 기름 짜는 기계에 대한 '사용권'을 구매함으로 시작되었다. 이듬해 탈레스의 예측대로 올리브가 풍년이 들자 기름 짜는 기계를 사용할 수 있는 권리를 독점한 탈레스는 기계를 비싼 가격에 빌려주고 많은 돈을 벌었다고 한다. 만일 탈레스가 기름 짜는 기계를 구입한 후, 올리브 농사가 흉작이 되었다면 그가 입은 손실은 엄청났을 것이다. 그러나 기름 짜는 기계를 사용할 권리만을 구입했기 때문에 탈레스는 단지 그 권리를 확보하는 데 든 금액만 손실을 입었다. 따라서 파생금융상품의 장점은 계약하는 시점에 손실의 한도를 확정할 수 있다는 것이다.

파생금융상품의 또 다른 예는 다음과 같다. 벼의 가격은 작황에 따라 변하기 때문에 농가의 수입도 변동한다. 이때 중개업자가 어떤 특정한 가격을 제시하고 그해 가을에 수확한 벼를 그 가격에 모두 구매해주기로 약속할 경우 농가의 입장에서 보면 벼의 가격이 떨어져 자신의 수입이 줄어드는 위험을 피할 수 있다. 만약 그해 가을에 수확한 벼의 가격이 사전에 서로 합의한 수준에 비해 높아진다면 농가는 손실을 보게 되고 반대의 경우에는 이익을 보게 되는 셈이다. 농가는 벼 가격 변동에 따른 위험을 중개업자에게 이전한 것이다. 따라서 파생금융상품의 또 하나의 장점은 거래 당사자 간에 위험을 이전시킨다는 것이다. 반면 파생금융상품은 투기를 불러 금융시장에서 전반적인 위험도 증가시킬 수도 있다.

한편, 회계상으로 보면 한국회계기준원에서는 2009년에 확정계약에 대한 위험회피회계처리를 현금흐름위험회피방식에서 공정가치위험회피방식으로 변경하였다. 조선업계와 같이 외화매출규모와 선물환매도계약의 규모가 큰 경우 과거에는 환율 급등시 현금흐름 위험회피방식 아래에서는 조선호황기에도 불구하고 파생상품부채가 증가하고 자본이 크게 감소하는 등 재무제표의 왜곡 현상이 발생되었다.

그러나 확정계약 공정가치 위험회피 방식에서는 조선업의 경우 선박건조계약의 성격이 확정계약의 조건을 충족하기 때문에 매출액의 헷지에 확정계약 공정가치 위험회피방식의 적용이 가능하고 그 결과 헷지거래로 인해 파생상품부채가 증가함과 동시에 위험회피대상인 수주계약에 대한 확정계약자산이 증가한다. 따라서 재무제표에 미치는 영향은 파생상품부채와 확정계약이 서로 상쇄되어 '0'이 된다. 이 후 확정계약자산은 공정 진행률에 따라 매출액으로 가감 반영되고 파생상품부채는 선물환계약 만기정산에 따른 환차익을 인식하게 된다.

그런데 최근 국제회계기준원(IASB)에서는 확정계약에 대한 위험회피회계처리를 현금흐름위험회피방식으로 잠정결정하였다고 한다. 그 이유로서 확정계약 현금흐름위험회피회계가 확정계약 공정가치위험회피회계보다 이해가능성과 정보유용성이 높음을 들었다. 이에 정부, 한국회계기준원, 조선업계 등으로 구성된 대표단에서는 회의에 참석하여 현금흐름위험회피회계는 조선사의 경제실질을 미반영하는 조치이며 한국조선업계의 일반현황, 조선산업/선박거래 특성, 조선사의 총자산 중 파생자산 비율비교, 부채비율악화와 자본잠식의 문제점 등을 사례를 통해 설명하였다. 학계에서도 조선업은 현재 선물환거래만 이용하고 있으나 기타 헤지 수단으로 풋옵션 등을 제시하기도 하였으며 조선사의 경제실질을 반영할 수 있는 가능한 대안으로 자산/부채의 차감표시의 효용성을 제시하기도 하였다.

향후 2010년 1분기에 공개초안 발표가 예정되어 있는데 우리측 입장을 재정리하여 적극적으로 개진할 필요가 있으며 정부, 회계기준원, 조선업계, 국제회계기준 개정 연구위원회간에 유기적인 협조체제가 필요하다고 본다.

13

K-IFRS가 연결재무제표에 미치는 영향

2010년 12월

금융감독위원회는 2007년 3월 국제회계기준 도입 로드맵 발표를 통하여 2011년부터 국내 상장기업에 대해 한국채택 국제회계기준을 의무적으로 적용하기로 하였다. 한국채택 국제회계기준(K-IFRS)이 도입될 경우 상장기업의 주재무제표가 개별재무제표에서 연결재무제표로 변경되며 연차 사업보고서뿐만 아니라 분·반기 재무제표도 연결기준으로 작성하여 공시해야 한다. 따라서 개별 기업위주에서 경제적 실체인 그룹 위주의 회계로 크게 변화할 것으로 예상되며 연결 범위 또한 크게 변화할 것으로 예상된다.

이러한 연결재무제표의 이론적 근거에는 실체이론

과 취득법이 있다. K-IFRS에서는 사업결합의 법적 형태에 상관없이 거의 모든 사업결합을 지배력 획득을 전제로 하는 취득거래로 보고 모든 사업결합을 취득법(acquisition method)을 적용하도록 규정하고 있다. 취득법의 개념은 지배기업이 종속기업순자산을 공정가치로 취득하는 것이다. 취득법은 사업결합에 참여하는 기업 중 취득자(acquirer)와 피취득자(acquiree)를 식별한 후 취득자가 공정가치로 피취득자의 자산을 취득하고 부채를 인수하는 것으로 보는 회계처리방법이다.

취득법에 의하면 종속기업의 당기순이익은 지배력 취득시점 이후부터 종속기업에 발생한 이익만이 연결포괄손익계산서에 포함된다. 이러한 종속기업당기순이익은 장부금액에 근거한 금액이므로 공정가치에 기준한 금액으로 조정한 후 증가/감소된 자산과 부채의 손익효과를 인식한다.

한편, 지배기업이 종속기업의 지분 100% 미만을 소유하는 경우, 그룹 밖에는 지배기업주주 외에 비지배주주가 존재한다. 이때 지배기업이 직접 또는 간접으로 소유하지 않으면서 비지배주주가 소유하는 종속기업의 지분을 비지배지분(noncontrolling interest)이라고 한다. 이전 기준에서는 비지배지분을 소수주주지분이라 불렀다. 그러나 실체이론에서는 지배기업과 종속기업으로 구성된 그룹은 소유주와는 독립된 경제실체로 본다. 따라서 비지배지분은 지배기업주주와 동등한 주주로 보며 지배기업지분과 함께 소유자지분으로 표시한다.

K-IFRS 제1103호에 의하면 비지배지분을 취득일에 공정가치로 측정할 경우, 비지배지분은 비지배지분에 해당하는 영업권을 포함한다. 따라서 연결재무제표에 인식된 영업권은 지배지분과 비지배지분에 해당하는 영업권 전부를 포함한다. 반면, 비지배지분을 취득일에 피취득기업의 식별가능한 순자산의 공정가치에 비례하여 측정할 경우, 비지배지분은 비지배지분에 해당하는 영업권을 포함하지 않는다. 따라서 연결재무제표에 인식된 영업권은 지배지분에 해당하는 영업권만을 포함한다.

현행 '주식회사의외부감사에관한법률'에 의하면 지배기업은 의결권, 이사회 구성원 임면권 등 동 법령에서 명시하고 있는 규정에 해당되는지 여부만을 고려하여 연결범위를 결정하고 연결재무제표 작성 의무자도

최상위 지배회사 및 상장·금융 중간지배회사에 한정하고 있다. 그러나 K-IFRS에 의할 경우 지배기업은 의결권, 이사회 구성원 임면권, 법규나 약정에 의한 지배력 획득, 그리고 실질적 정황에 의거한 지배력에 근거하여 포괄적으로 연결범위를 규정하고 있으며 효익의 과반을 얻는 특수목적기업도 연결의 범위에 포함하고 있다.

국제회계기준의 도입으로 연결재무제표의 중요성이 부각됨에 따라 투자자 및 채권자는 개별재무제표보다는 연결실체 전체의 재무제표에 더욱 관심을 가질 것이다. 연결재무제표가 주재무제표가 될 경우, 주재무제표인 연결재무제표의 중요한 왜곡 표시를 믿고 이용하여 피해를 입은 정보이용자는 해당 모회사의 이사 또는 감사가 그 책임이 있는 경우 해당 모회사의 이사 및 감사에 대하여 손해배상을 요구할 수도 있을 것이다.

기업 간의 경쟁이 심화되고 경영환경이 급변하는 상황에서 기업은 하나의 독립된 기업보다는 여러 개의 기업실체를 통합하여 공동 의사결정을 할 수 있도록 기업의 지배구조가 개편되고 있다. 연결재무제표는 이러한 일련의 기업집단에 대한 통합적인 재무정보를 제공하는 중요한 수단이 된다.

이와같이 연결재무제표가 주재무제표가 될 경우에는 자회사를 통하여 부채를 이전하여 부채비율을 낮추고, 매출채권을 할인하며, 계열사간 내부자 거래 등을 통하여 매출을 과대 계상하는 시도들을 방지하는 효과를 가질 수 있을 것이다. 또한 연결재무제표가 주재무제표로 된다면 지배기업은 지배기업만의 재무상태와 영업성과만으로 평가받는 것이 아니라 종속기업의 재무상태, 영업성과를 모두 포함한 결과로 평가받게 될 것이다. 따라서 지배기업과 종속기업 간의 소유 및 거래관계에 대한 투명성이 크게 제고될 것이고, 또한 경영성과가 효율적이지 못하거나 재무상태가 어려운 종속기업을 전략적인 목적으로 소유할 유인이 감소하여 기업집단의 소유형태가 보다 건전한 방향으로 개선되는 등 회계관행뿐만 아니라 경영형태에도 상당한 영향이 있을 것으로 보인다.

그러나 정보이용자입장에서 개별 종속기업의 세금 및 배당금수익 등에 관한 정보는 연결재무제표를 통해 얻을 수 없다는 것을 주의할 필요가 있다.

14

국가회계제도 도입에 따른 교육 등 제도보완

2011년 8월

최근 우리사회는 사회복지비 지출 등으로 인해 날로 증가하는 정부의 재정규모와 이에 못지 않게 커지고 있는 국가의 채무규모 등에 대한 국민들의 관심이 증대하고 있다. 국민들은 자신이 납부한 세금이 과연 정당하게 그리고 효율적으로 쓰이고 있는지에 대하여 지대한 관심을 보이고 있다. 최근 그리스와 포루투갈 등 여러 나라의 국가재정위기는 건전하고 투명한 회계제도가 얼마나 중요한가를 일깨우는 계기가 되었으며 특히, 외환위기 이후 경제사회 각 부문에 있어 회계정보의 투명성 확보가 국가경제 발전과 선진국으로 진입하는 데 얼마나 중대한 영향을 미치는지를 인식하게 되었다.

우리 정부는 1990년대 후반부터 정부재정을 보다 효율적으로 관리·통제하고 정부부문의 다양한 재정 정보를 제공하기 위해 발생주의와 복식부기제도의 도입을 추진하여 왔다. 그 결과, 지방자치단체의 복식부기 채택에 이어 국가재정법(2007년)과 국가회계법(2008년)을 제정하고 2009회계연도부터 일반회계, 특별회계 및 모든 기금에 현금주의와 단식부기 회계처리에 추가하여 발생주의와 복식부기 방식에 의해 재무제표를 작성하도록 하였다.

국가재정운용에 혁신적인 변화를 가져올 발생주의와 복식부기 회계제도의 도입은 첫째, 국가의 자산, 부채, 순자산의 개념이 새로이 정의되고 기록될 것이며 국가전체의 재정상태와 영업성적을 보다 투명하게 파악하고 관리할 수 있게 되었다. 또한 재정건전성 관련 각종 지표의 작성과 분석이 가능해짐에 따라 장기적 미래지향적인 재정관리가 가능해질 것이다.

둘째, 성과중심의 재정운용체계의 구축을 통해 예산 수립과 집행의 효율성을 제고하게 될 것이다. 사업별 투입원가정보의 산출을 통하여 사업의 우선순위와 투입성과에 따른 효율적인 예산 배정이 이루어질 것이다. 셋째, 재무제표를 통해 정보이용자의 국가 재정 정보에 대한 접근이 쉬워지며, 복식부기회계의 도입에 따른 국가회계기록의 자동 검증기능이 강화될 것이다.

이와 같이, 발생주의와 복식부기의 도입은 세입세출 결산정보에 추가하여 국가재정의 운영성과와 재정상태 등에 대한 정보를 추가함으로써 예산회계제도를 보완하게 된 것이다.

정부회계(government accounting)는 중앙정부나 지방자치단체와 같은 정부조직의 재정활동에 대한 회계를 말한다. 정부조직의 재정활동은 국방, 치안, 교육과 같은 서비스를 제공하기 위해서 조세를 부과하거나 채권 등을 발행하여 재원을 조달하고 재화나 용역을 취득하고 사용하는 활동을 말한다. 정부회계는 기업회계와 달리 영리추구를 목적으로 하지 않고 공공서비스를 제공하는 것이 주된 목적이다.

정부회계는 정부가 본래의 목적인 공공서비스 제공을 얼마나 잘 수행했는지에 대한 정보를 제공하게 되며, 기업회계와 같이 일정기간에 얼마나 이익을 얻었는지를 보여주는 것은 아니다. 순이익을 내기 위해서 정부가 서비스기능을 축소한다면 정부가 제대로 활동을 했다고는 할 수 없다. 정부는 시장에 의해서가 아니라 예산에 의해서 활동범위가 정해지며 공권력에 의해 집행되기 때문에 법령에 의해서 강한 통제를 받는다. 정부는 예산 및 결산을 일반회계와 특별회계 및 기금으로 분류하여 다수의 회계실체에 따르는 별도의 회계처리방식을 유지하고 있다.

정부는 국가회계를 성공적으로 수행하기 위한 방안으로 2012년부터 공인회계사 시험에 정부회계내용(재무회계분야 중 10% 출제확정)을 포함하기로 하였다. 그런데 현재 우리 대학에는 회계학교수 중에서 정부회계를 전공한 교수가 거의 없어 정부회계의 강좌개설이 당장은 어렵고 정부회계에 대한 전문적인 연구 또한 미흡한 실정이다. 따라서 대학은 이에 대한 대비를 해야 한다고 본다. 당장은 개별 강좌의 개설이 어려울 수 있으므로 고급회계 과목 내에서 정부회계내용을 가르치는 방안도 고려할 수 있다.

앞으로 기업회계의 국제화와 선진화뿐만이 아니라 정부회계의 국제화와 선진화의 지속적인 추진도 국가경쟁력 향상에 필요하다는 점을 인식하고 정부회계와 관련된 경영교육을 실시하고 기업회계뿐만이 아니라 정부회계 전문인력의 육성에 우리 모두 노력해야 한다고 본다.

15

방산계약제도의 문제점과 개선방안

2003년 7월

방산계약은 방위능력개선을 위한 국방관련 사업의 일환으로 방산물자를 조달하기 위하여 국방부와 방산업체간에 이루어지는 법률행위로서 국방조달본부에서 대부분의 집행업무를 담당하고 있다. 방산물자를 조달함에 있어서는 정부의 일반물자 구매방식인 경쟁계약 형태의 특례를 인정하여 방산특조법에 의하여 수의계약을 체결하도록 하고 있다. 따라서 계약의 형태는 국가예산절감측면에서 조달부서가 다소 우월적인 입장에서 정부에 유리한 계약형태를 채택하고 있다.

현행 방산계약제도의 문제점과 개선방안은 다음과 같다(신호영 외, 2007).

첫째, 다양한 계약제도가 있음에도 불구하고 실제활용하고 있는 계약형태가 매우 제한적이어서 다양한 계약의 성격 등을 제대로 반영하고 있지 못하다. 주로 활용되고 있는 계약형태는 일반확정계약, 특정비목불확정계약, 중도확정계약, 일반개산계약 등으로 이들은 예산범위내에서 추가예산 부담없이 계약이행을 보장할 수 없고 업무추진의 용이함 등으로 인해 주로 활용되고 있다.

나머지 물가조정 단가계약, 원가절감보상계약, 유인부확정계약, 원가정산이익확정계약, 유인부정산계약 등은 원가절감형이고 가격변동폭에 따라 계약금액을 조정할 수 있는데도 불구하고 원가절감에 따른 적절한 보상과 적정이윤에 대한 정부의 보장이 미흡하고 물가변동이나 원가절감 등에 따른 계약금액 조정기준이 미흡하다는 이유 등으로 인해 실제활용이 미흡한 실정이다. 이러한 문제점을 해소하기 위한 개선책이 필요하다.

둘째, 계약금액을 결정할 때 조달부서에서는 실제 원가계산에 의하여 산출된 금액을 예정가격으로 활용하지 않고, 경험에 의한 주관적이고 또는 자의적인 판단에 의하여 원가계산된 금액에서 일정률을 삭감하여 예정가격을 결정하고 있다. 또한 실제가격은 조정된 예정가격 이하에서 체결하고 있어 방위산업의 특수성이 반영되지 않고 방산업체의 경영악화를 초래하므로 이러한 문제점을 해소하기 위하여 개선책이 필요하다.

셋째, 동일한 사업에 대한 계약 체결시 계약내용과 관련한 일괄계약 또는 분리계약에 대한 일정한 기준이 마련되어 있지 않아 계약담당자가 자의적으로 일괄 또는 분리계약을 체결하고 있다. 또한 방산업체의 적정이윤보장보다는 행정 편의적 의사결정으로 인하여 방산업체의 불만이 누적되어 정부에 대한 불신이 가중될 수 있다.

일괄 또는 분리계약 형태에 따라 방산업체의 적정이윤보장여부가 좌우되기 때문에 계약방법결정과 관련하여 업체의 로비는 물론 비리가 개입될 수 있으므로 이를 해소하기 위한 제도적 개선방안이 필요하다.

넷째, 개산계약 체결시 정부가 무리한 계약특수조건을 설정함으로써 방산업체로 하여금 과도한 비용을 부담하게 하고 있다. 그러나 이러한 계약의 성립은 적절한 법률행위로 볼 수 없다. 또한 실제발생의 비용을 보전하지 않고 업체에서 부담하여 방산업체의 경영악화를 초래함은 물론 정부의 업체간 신뢰관계에 악영향을 미칠 수 있다. 이러한 문제점을 개선하여 바람직한 형태의 계약특수조건이 이루어져야 할 것이다.

다섯째, 방산물자를 조달함에 있어 2년에 걸쳐 계약이 이루어질 경우, 일괄계약의 경우 당해 연도 예산과 국고채무부담행위액의 예산을 합하여 계약을 체결한다. 이 경우 당해 연도 분과 국고채무부담행위액을 분리하여 계약을 체결했을 때의 보증료에 비해 과다한 보증비가 발생한다. 또한 예산편성이 국고채무 부담분을 과다하게 편성함으로써 방산물자를 생산 납품하였음에도 불구하고 대금의 청산이 차연도로 지연된다. 그러므로 당해 연도 예산분과 국고채무부담액에 대한 계약을 분리함으로써 업체의 부담을 경감시키고 당해 연도 조달계획을 조기에 마무리하여 행정업무처리를 간소화하여야 한다.

앞으로의 계약형태는 보다 첨단화, 정밀화, 고가화되고 있는 장비물자를 도입해야 하므로 국가예산도 절약하고, 업체의 노력에 대해서도 일정수준 보상해 주는 합리적이고 다양한 계약형태가 필요하리라고 본다. 또한 방위산업의 육성지원측면에서 계약의 성격과 내용에 적합한 계약형태를 도입해야 한다.

조달부서는 막대한 국가예산을 집행하는 조달기관으로서 집행과정에서의 효율성과 투명성이 절대적으로 요구되므로 조달집행과정에서 투명하고 공정한 계약의무를 수행해야 한다.

16

방산계약 회계의 투명성과 공정에 관하여…

2004년 8월

방산계약은 방위능력 개선을 위한 국방관련 사업의 일환으로 방산물자를 조달하기 위하여 국방부와 방산업체 간에 이루어지는 법률행위로서 국방조달본부에서 대부분의 집행업무를 담당하고 있다. 지금까지 방산계약업무는 그 특수성에 의하여 주로 단일방산업체와 수의계약에 의해 이루어짐으로서 방산업체의 조달관련 부서 간에 별다른 이견 없이 상호이해를 조성함으로써 가격을 포함한 계약업무를 원활하게 수행하여 왔다.

그러나 최근에는 비록 단일 방산업체와의 계약업무라 하더라도 이에 대한 정당성과 타당성 그리고 적정성

등에 대해 언론과 국회, NGO, 관련하청업체, 외부감사기관 등 국민적 감시장치가 훨씬 강화된 환경 속에서 방산조달관련 업무를 수행해야 하기 때문에 투명성과 공정성이 보장되지 않고서는 방산 계약업무를 수행하기 어려운 여건 속에 놓여 있다 할 수 있다.

투명성은 해당사업의 추진과정이 소요제기단계에서부터 예산편성 및 집행단계 등 전반적인 계약업무 처리절차에 있어 비밀주의가 아닌 공개적인 방법에 의해 처리되는 것을 의미한다. 아울러 공정성은 계약업무가 불편부당하게 업무처리가 이루어지지 않도록 관련법규와 기준 및 절차에 따라 이루어지는 것을 말한다.

많은 방산계약업무가 투명성과 공정성을 유지하는 가운데 잘 집행되고 있음에도 불구하고 이해관계자 또는 국민들로부터 많은 의혹과 불신을 사고 있는 것은 집행과정에서 야기되고 있는 여러가지 비리와 관련이 있다기보다는 시대변화에 따라 더욱 요구되고 있는 보다 투명하고 공정한 계약업무절차를 제고하지 못한데 기인하고 있다고 본다(신호영 외, 2007).

현행 방산계약제도는 구조적 비리를 발생할 만큼의 큰 제도적 문제점을 갖고 있다기보다는 제도 시행 및 일반기업회계 발전 및 업무집행과정에서 일부 업무담당자들의 도덕적 해이에서 비롯된 것으로 평가된다. 방산물자를 조달하는 과정에서 관련 당담자들의 확고한 도덕적 윤리의식이 높게 요구되는 것은 방산사업이 국가안보와 관련된 중요한 사업임은 물론, 비리가 발생할 경우 국민들에게 미치는 부정적 영향이 너무 크고 또한 공직자로서의 본연의 자세를 벗어나는 일이기 때문이다.

따라서 비리 발생원인을 근원적으로 제거하기 위해서는 처벌규정을 강화하는 것도 중요하겠으나 보다 중요한 것은 업무담당자 한사람 한사람의 투철한 공적 윤리의식의 강화가 중요하다고 본다.

오랜 업무로 인하여 특정업체와 유착이 되어 중요한 의사결정 자료들을 유출한다거나 원가계산시 내역을 조작하는 일, 인수부문의 비용을 방산부문으로 묵인하는 일 등 비제도적으로 발생하는 비리에 담당자들이 관련되는 일이 없도록 해야 할 것이다. 이렇게 함으로써 투명하고 공정한 국방획득사업이 추진될 수 있으며 국민들의 지지 속에 국방전력을 증대시킬 수 있기 때문이다.

방산계약업무의 합리적 개선발전은 이 업무와 관련한 감사제도, 감사관행, 그리고 감사인의 감사방법에 크게 좌우된다. 방산물자는 국가에서 조달하는 일반물자와 그 방법과 성격에 있어 상이한 것으로 시장가격에 의해 형성되는 가장 낮은 가격으로 조달이 사실상 곤란하기 때문에 정책적 차원에서의 접근이 불가피하다.

따라서 감사의 방향이나 감사방법에 있어서도 이와 같은 요소들이 충분히 고려되는 가운데 합리적 접근이 필요할 뿐만 아니라. 집행을 담당하고 있는 사람들에게도 이와 같은 인식을 심어 줄 수 있도록 고려해야 할 것이다. 회계논리나 정책방향에 부합되지 않은 집행에 대해서는 철저히 배제해야 하며 합리적이고 정책방향에 맞는 사안에 대해서는 이를 권장하고 제도를 개선해 나가도록 합리적인 감사제도를 발전 보안시켜 나가야 할 것이다.

오늘날과 같이 복잡한 방산조달행정 환경 속에서는 투명성과 공정성의 제고가 곧 원만한 방산계약업무의 출발점이라 할 수 있다.

17

유형자산의 공정가치재평가기준에 관하여…

2012년 2월

미국에서 2008년 시작된 글로벌금융위기로 인해 원화환율이 비정상적으로 급등하였고 우리나라 기업들은 대규모 환손실로 인해 재무상태가 악화되었다. 이로 인해 기업들의 신용등급 하락, 채무조기상환 압박, 금융비용 상승, 신규여신 곤란 등이 예상되어 한국회계기준원은 재무구조개선을 위해 2011년 도입예정이었던 국제회계기준에 존재하는 기업회계기준서(기준서) 제5호(유형자산)을 조기적용이 가능하도록 2008년에 개정하였다. 그 후 유가증권상장기업, 코스닥상장기업, 비상장기업 중 상당수의 기업들이 유형자산에 대하여 공정가치재평가를 실시하고 있다.

우리나라 기업들은 자본구조를 개선하기 위해 오랜 기간 동안 자산재평가법에 의한 자산재평가를 실시해 왔다. 자산재평가제도는 유형자산을 취득한 이후 재평가일의 유형자산의 공정가치가 장부금액과 다를 경우 해당 자산의 재무상태표가액을 공정가치로 보고하는 평가방법이다. 전통적인 회계처리방법에서는 화폐의 경제적 가치가 일정하다는 화폐가치 안정의 전제하에 유형자산을 취득원가로 표시하는 것을 원칙으로 한다. 이는 역사적 취득원가가 목적적합한 정보를 제공하지는 못하지만 신뢰성있는 정보를 제공하기 때문이다. 그러나 현실적으로는 물가상승으로 인해 화폐가치가 변하기 때문에 서로 상이한 가치의 수익·비용의 대응이 이루어져 재무상태와 경영성과가 왜곡 보고될 수 있다.

그러나 자산재평가모형의 채택이 경영자의 재량으로 결정되어 기업 간의 회계수치의 비교가능성이 저해되고 또한 재평가 증의 경우 기타포괄손익의 증가로 자본총액이 증가하여 수익성비율과 활동성비율 등의 비율이 낮아져 투자자들이 경영자의 성과를 나쁘게 평가할 수 있다는 문제점이 제기되었다.

또한 자산재평가제도는 부채비율이 감소하는 등 재

무구조개선이나 자본축적을 통한 경쟁력 제고 등 다양한 정책목표를 달성하는 데 기여하였으나 그 제도가 법인세감면혜택으로 인해 악용되고 회계정보의 비교가능성과 유용성을 저해하는 등 많은 부작용들도 있었다.

따라서 이러한 부작용으로 인해 자산재평가제도는 2000년 말 폐지되었다가 2008년 말부터 조기도입된 기준서 제5호를 통해 유형자산의 공정가치 평가가 다시 가능해졌다. 이를 통해 회계정보의 질적 특성인 목적적합성을 강조하는 재산재평가 정보는 투자자들에게 유용한 정보를 제공할 것으로 예상되었다.

기준서 제5호에서는 평가증만 허용되었던 기존의 재평가제도와 달리 평가증과 평가감이 모두 허용되며, 평가증에 의한 재평가차익의 경우 기존에는 자본잉여금으로 처리하였으나 2008년 이후부터는 기타포괄손익으로 처리한다. 그리고 자산재평가차액에 대하여 이전과 달리 법인세감면 혜택이 존재하지 않는다.

한편, 동일한 유형자산에 대하여 이전에 당기손실로 인식한 재평가감소액이 있다면 이후 재평가이익 발생시 재평가손실(당기손익)인식액만큼 먼저 재평가이익

(당기이익)으로 인식하고 나머지는 재평가잉여금(기타포괄이익)으로 인식한다. 그 이유는 재평가손실은 당기손실로 인식하며, 후속기간의 재평가이익은 과거 재평가손실의 회복으로 간주하기 때문이다.

그 후, 2011년 도입된 한국채택국제회계기준 제1016호에서는 유형자산을 취득원가로 평가하고 해당자산의 공시지가를 주석에 공시하는 방법과 공정가치평가금액으로 재무제표금액을 조정하는 방법 중 하나를 선택할 수 있도록 하였다. 반면, 한국채택국제회계기준 제1016호에서는 기준서 제5호와 달리 재평가대상자산, 재평가방법, 법인세절감효과유무, 회계처리방법 등이 다르다.

한편, 2008년부터 2010년 말까지 유형자산에 대한 재평가를 실시한 293개의 유가증권상장기업들(금융업제외)의 재평가차액이 58조에 달하였다(송기홍 외 2011). 이 중 96%가 토지의 재평가차액이다. 이처럼 대부분의 기업들이 감가상각대상자산을 제외하고 주로 비상각대상자산인 토지만을 재평가의 대상으로 삼은 이유는 감가상각대상자산을 재평가하여 재평가잉여금을 인식하는 경우 재평가 이후년도부터는 법인세절감효과도 없으면서 감가상각비가 높아져 재평가하지 아니하였을 경우보다 당기순이익이 과소계상되기 때문이다. 물론 재평가하지 아니하였을 경우와의 감가상각비 차이만큼 재평가잉여금을 이익잉여금으로 대체하여 배당은 가능하지만 당기순이익이 과소계상되기 때문에 회사들이 감가상각대상자산에 대한 재평가를 회피하는 것으로 추정된다.

회계정보이용자들은 유형사산의 회계처리방식이 취득원가 또는 공정가치 중에서 선택가능하다는 점에 주의가 필요하며 용도와 목적에 따라 재평가차액정보를 보완해서 사용해야 할 것이다.

18

금융상품 손상차손 실무적용의 문제점

2012년 6월

금융상품의 회계처리는 2009년까지 국제회계기준서(IAS) 39 '금융상품:인식과 측정'에서 다루었다. 그런데 IAS 39의 복잡성으로 인해 이를 대체하는 프로젝트가 진행되어 왔으며, 동 프로젝트의 첫 번째 결과물인 IFRS 9호가 2010년도에 제정되었다. IFRS 9호는 2013년 1월 1일부터 의무적으로 적용하여야 하고 상장기업의 선택에 따라 2009년 1월 1일부터 조기적용도 가능하였다. 따라서 우리나라에서 IFRS를 적용하는 상장기업의 경우 2012년 말까지는 IAS 39를 적용할 수도 있고 IFRS 9호를 적용할 수도 있다.

IAS 39의 손상차손 모형은 예상손실이 아닌 발생손

실 접근법을 취하고 있다. 발생손실 접근법은 손상이 결산일 현재 발생되었고, 그 금액이 보고되었다면 손상차손을 인식한다. 또한 결산일 현재 손상은 발생되었으나 결산일 현재 보고되지 않은 손실에 대한 손상차손도 인식한다. 그러나 미래에 손상이 예상되는 손실에 대해서는 결산일 현재 손상차손을 인식하지 아니한다.

이러한 발생손실 모형의 문제점은 실제 손상사건이 발생할 때 신용손실을 인식하도록 하고 있어 손실 인식시기의 지연이 발생한다. 또한 유효이자율 산정시 미래기대손실을 반영하지 않음에 따라 손상사건이 발생하기 이전에 이자수익이 과대 계상되며 손상사건에 대한 판단기준이 불분명해서 손상사건의 발생여부 및 발생시점이 기업의 판단에 따라 달라질 수 있다. 이로 인해 기업 간 비교가능성이 저하될 수 있다.

이와 같이 IAS 39의 발생손실 모형에 대한 비판이 제기된 후에 2009년 11월 기대현금흐름개념의 최초 공개초안(ED)가 발표되었다. 이는 미래의 기대신용손실을 반영한 유효이자율에 의해 상각후 원가를 측정하는 개념이다. 2011년 1월에 발표한 추가공개초안(SD)에서는 이자수익의 인식과 손상 측정을 분리하여, 총 기대 신용손실을 포트폴리오의 가중평균경과기간에 따라 비용을 배분하는 개념을 도입하고 있다.

2012년 상반기 개정안(공개초안 재발행 또는 검토문서)에서는 실무적용가능성을 높이기 위한 방안으로 논의가 진행 중에 있다. 최근에 IASB와 FASB는 "three bucket approach"를 잠정적으로 합의하였다. Bucket 1은 미래 손상과 직접적으로 관련되는 사건이 관측되지 않은 채권이다. Bucket 2는 미래 손상과 직접적으로 관련되는 사건이 발생하였으나 기대신용손실이 개별적으로 식별되지 않은 채권이며 Bucket 3은 미래 손상과 직접적으로 관련되는 사건이 발생하였으며 기대신용손실 발생자산이 개별적으로 식별 가능한 채권이다.

관련 이슈들을 정리하면 다음과 같다. 첫째, 신용손실이 명백하게 예상되는 모든 금융자산은 Bucket 2 또는 Bucket 3으로 분류하며 그 이외의 금융자산은 최초에 신용상태와 무관하게 Bucket 1로 분류한다. Bucket 1로 분류되는 금융자산의 충당금은 향후 12개월 동안의 예상손실을 반영하여 산정한다(예를 들어, 12개월간의 부도율 x 부도시 손실). 둘째, 최초 인식 후 유의적인 신용등급이 하락하거나 계약상 현금흐름을 모두 회수하지 못할 상황이 합리적으로 발생가능한 것으로 판단되는 경우에는 Bucket 1에서 Bucket 2 또는 Bucket 3으로 대체하고, 금융자산 전체기간에 대한 기대손실을 모두 인식한다. 최초에 Bucket 1로 분류되었으나 Bucket 2 또는 Bucket 3으로 악화되었던 금융자산의 신용등급이 후속적으로 개선되었다면 이러한 금융자산은 Bucket 1로 다시 분류된다. Bucket 2는 유사한 위험 특성별로 그룹핑하여 집합적으로 평가하며 Bucket 3은 유사한 위험을 보유하고 있는 금융자산 그룹이 존재하지 않거나 개별적으로 중요한 금융자산의 경우는 개별적으로 평가한다.

새로운 손상모형은 모든 금융자산에 대해 최초에 신용등급과 무관하게 Bucket 1로 분류하도록 하고 있다. 그러나 Bucket 2 또는 Bucket 3으로 대체가 이루어지기 전에도 신용상태의 악화는 발생할 수 있다. 따라서 상대적 손상기준과 내부신용위험관리 시스템과의 통합이 중요하다. 또한 bucket 간의 대체요건이 계속해서 원칙중심으로 유지된다면 경영자의 판단이 개입되게 되며, 이로 인해 적용상의 다양성으로 인한 혼란으로 인해 비교가능성이 저해될 수 있다. 따라서 bucket 간의 대체기준을 명확하게 제시할 필요가 있다.

앞으로 새로운 손상모형은 현재의 시스템 및 프로세스에 큰 변화를 가져올 것으로 예상되므로 정보이해자들의 이해가 요구된다.

19

연결회계의 단계법과 일괄법에 관하여…

2002년 6월

최근 지배회사의 종속회사투자에 대한 지분법 적용 방법을 명확히 하고 개별재무제표와 연결재무제표 간의 차이를 없애기 위해 지분법에 관한 기업회계기준서 공개초안이 발표되었다. 공개초안에 의하면 지배회사는 개별재무제표를 작성할 때, 종속회사 투자주식에 대하여 종속회사의 순자산변동액이 지배회사의 개별재무제표와 연결재무제표상의 순자산과 당기순손익에 미치는 영향이 일치되도록 지분법 회계를 적용한다고 규정하고 있다.

또한 공개초안에 의하면 개별회계에서 투자회사가 피투자회사의 주식을 단계적으로 취득하는 경우 투자제거차액 산정은 단계법에 의하며 추가취득에 따른 투자차액 상각분은 지분법평가손익으로서 당기손익에 포함한다고 한다. 그러나 지배권을 획득한 후, 종속회사주식을 추가로 취득하는 거래는 자본거래의 성격을 가지고 있으므로 연결재무제표에 포함되는 종속회사에 대하여 지분법을 적용할 때, 투자제거차액상각분을 지분법평가손익으로 인식하지 않고, 연결회계와 일관되게 기타자본잉여금에 포함하고 투자제거차액에 대한 상각은 하지 않는다고 규정하고 있다.

지배회사가 종속회사 주식을 일시에 취득하여 지배권을 획득하는 경우도 있으나 어떤 경우에는 여러 차례에 걸쳐 단계적으로 주식을 취득하여 지배권을 획득하기도 한다. 지배회사가 종속회사 주식을 단계적으로 취득하여 지배권을 획득하는 경우, 연결회계에서 지배회사의 투자주식계정과 종속회사의 자본계정을 상계제거하는 방법에는 단계법과 일괄법이 있다.

단계법은 매번 주식취득시점을 기준으로 지배회사 투자주식계정과 종속회사 자본계정을 상계제거하는 방법이고 일괄법은 지배회사가 종속회사의 지배권을 획득한 시점에서 일시에 취득한 것으로 가정하여 지배회사의 투자주식계정과 종속회사의 자본계정을 상계제거하는 방법이다. 단계법은 투자주식을 여러 단계에 걸쳐 매입하여 지분법을 적용하게 된 경우, 중요한 매입단계별로 취득한 주식의 취득원가와 각 취득시점에서 취득한 순자산의 장부가액 중 지배회사지분을 비교하여 투자제거차액을 계산한다.

연결재무제표준칙에 의하면 지배회사의 투자주식계정과 이에 대응하는 종속회사의 자본계정은 지배·종속관계가 성립하는 날, 즉 지배권획득일을 기준으로 상계제거한다고 규정하고 있다. 이와 같이 연결재무제표준칙은 일괄법을 원칙으로 하고 있다.

그러나 지배회사가 지배권을 획득한 후 외부주주로부터 종속회사 주식을 추가로 취득하는 경우에는 주식 취득일을 기준으로 상계제거한다고 한다. 즉 지배회사가 지배권을 획득한 후 종속회사 주식을 추가로 취득한 경우 취득한 주식에 대해서는 반드시 단계법을 적용하여야 하며 이때 발생하는 투자제거차액은 연결자본잉여금으로 분류한다. 왜냐하면 이는 자본거래이기 때문이다.

최근 발표한 지분법에 관한 기준서 공개초안은 개별

회계에서 지배권 획득 후 종속회사주식의 추가 취득 시 연결재무제표에 포함되는 종속회사에 대하여 지분법을 적용할 때, 투자제거차액상각분을 지분법평가손익으로 인식하지 않고, 연결회계와 일관되게 기타자본잉여금에 포함함으로써 개별재무제표와 연결재무제표 간의 차이를 없애고 있다. 이는 정보이용자의 재무정보 이해 가능성을 높일 것으로 기대한다.

20

연결재무제표기준 제1110호의 제정이 현행 실무에 미칠 영향

2012년 10월

현행연결기준은 국제회계기준 제27호 '연결재무제표와 별도재무제표'의 지배력모형과 해석서 제2012호 '연결:특수목적기업'의 위험보상모형으로 이원화되어 있어 실무상 혼란과 함께 지배력 판단의 실무지침도 부족하다는 문제점이 제기되었다. 이번에 국제회계기준 제10호에 대응하는 한국채택국제회계기준(K-IFRS) 제1110호 '연결재무제표'의 제정은 일반기업과 특수목적기업으로 이원화된 연결기준을 단일 지배력모형으로 일원화하였다. 따라서 연결범위의 변동이 예상된다. K-IFRS 제1110호는 현행 기준서인 제1027호에서 연결재무제표만 분리한 후 해석서 제2012호와 결합한 결과물이며 2012년 하반기에 공표해서 2013년 1월 1일부터 적용할 예정이다.

K-IFRS 제1110호에서는 지배력은 연결을 위한 유일한 기준이며 피투자자의 성격에 관계없이 적용한다. 따라서 위험과 보상의 과반수 부담만으로 지배한다고 할 수 없다. K-IFRS 제1110호는 지배력의 정의를 명확히 하였으며 지배력의 3가지 요소를 제시하였다. 지배력은 3가지 요소로 구성되며 투자자는 다음의 3가지 요소를 모두 갖는 경우에만 피투자자를 지배한다고 한다. 첫째, 피투자자에 대한 힘, 둘째, 피투자자에 대한 관여로 인한 변동이익에 대한 노출 또는 권리, 셋째, 투자자의 이익 금액에 영향을 미치기 위하여 피투자자에 대하여 자신의 힘을 사용하는 능력(힘과 이익의 연관)이다.

지배력의 3가지 요소 중에서 첫 번째, 힘은 관련 활동이 무엇인지, 어떻게 결정되는지, 투자자의 권리가 관련활동을 지시하는 현재의 능력을 투자자에게 갖게 하는지 등을 말한다. 여기서 관련활동은 피투자자의 이익에 가장 유의적인 영향을 미치는 활동으로 재화나 용역의 판매, 자산의 취득 또는 처분, 새로운 제품의 개발, 자금조달 구조 결정이나 자금의 조달을 말한다. 권리는 힘에서 발생하며, 의결권, 잠재적 의결권, 피투자자의 관련활동을 지시하는 주요 경영진의 선임/해임권 등을 말한다.

두 번째, 변동이익은 피투자자에 대한 관여로 변동이익에 노출되거나 변동이익에 대한 권리가 있는지를 말한다. 변동이익은 피투자자의 성과의 결과로 달라질 가능성이 있는 이익으로서 양, 부 또는 둘 모두에 해당된다. 예로는 배당금, 피투자자로부터 분배된 경제적 효익, 투자자산 가치의 변화 등을 말한다.

세 번째, 힘과 이익 간의 연관은 피투자자에 대한 자신의 힘을 사용하는 능력을 말한다. 의사결정권이 있는 투자자는 피투자자를 지배하는지 평가할 때 자신이 본인인지 대리인지 결정해야 한다. 대리인은 피투자자를 지배하지 않는다.

한편, K-IFRS 제1110호는 지배력을 평가할 때 고려해야 할 사실과 상황의 의미를 제시하였으며 지배력의 평가 시 고려할 적용 지침을 상세히 제시하였다. 즉, 지배력을 평가할 때, 피투자자의 목적과 설계를 고려한 후 3가지 요소를 모두 종합적으로 검토하여 지배력을 평가해야 한다고 한다.

예를 들면, 보통주와 같은 의결권으로 피투자자를 지배하는 것이 명백한 경우, 다른 요소가 없다면 의결권의 과반수를 보유하는 투자자가 피투자자를 지배한다. 그러나 의결권이 주된 요소가 되지 않도록 피투자자가 설계된 경우에는 피투자자가 위험에 노출되도록 설계되어 있을 경우 그 위험, 그리고 피투자자와 관련된 당사자들에게 그 위험이 전가되도록 설계되어 있을 경우 그러한 위험을 고려해서 지배력을 평가해야 한다.

이와 같이 지배력 평가에 있어 K-IFRS 제1110호가 현행 기준과 비교할 때 중요한 차이점은 현행 기준에서는 일반적으로 '의결권의 과반수'(제1027호) 또는 '효익이나 위험의 과반수'(제2012호) 등 '과반수'를 우선적 평가기준으로 하고 있으나 제1110호에서는 '과반수'에 대한 형식적 우선적 판단기준을 삭제하였다. 즉, 지배력은 3가지 요소를 모두 충족하여야 하므로 각 요소별 판단 지표를 종합적으로 검토하여야 한다는 것이다.

따라서 현행 기준에서는 투자자가 피투자자의 의결권 50%를 초과하여 보유하는 경우 지배한다고 보지만 제1110호에서는 동일한 상황에 대하여 투자자는 특정

사실과 상황에서 힘을 보유한다고 명시하고 있다. 앞으로 정보이용자들은 지배력을 평가할 때 힘과 관련한 추가적인 사실 및 상황과, 힘을 제외한 나머지 지배력 평가 요소 모두가 고려된다는 점을 이해해야 한다.

K-IFRS 제1110호는 자세한 연결 판단지침을 제공하고 있는데 앞으로 경영진이 연결범위를 판단할 때 유용한 정보를 제공하리라 기대한다. 또한 단순히 의결권 과반수 기준으로만 연결 범위를 결정해오던 기업들에게는 다양한 지배력 판단 지침을 적용함에 따라 기존에 적용해오던 연결범위가 변동될 가능성이 존재한다. 이는 실무에도 영향을 미칠 것으로 기대된다.

21

공동지배력 판단에 관하여…

2013년 2월

국제회계기준은 경제환경의 변화와 미국회계기준과의 정합움직임에 따라 매년 제·개정 작업을 통해 계속 변화하고 있다. 2008년에 촉발된 글로벌 금융위기에서 나타난 부외자산·부채의 위험성은 투명한 공시의 필요성을 더욱 강조하게 되었다. 이에 G20 지도자들, 금융안정위원회, 재무제표 이용자, 감독기구 및 기타 관련자들은 부외자산·부채에 대한 회계투명성을 제공할 수 있는 새로운 연결기준을 도입할 것을 요구하였다.

과거 연결기준은 K-IFRS 제27호(연결재무제표와 별도재무제표)의 지배력모형과 해석서 제2012호(연결: 특수목적기업)의 위험보상모형으로 이원화되어 있어 실무상 혼란과 함께 지배력 판단의 실무지침도 부족하다는 문제점이 제기되었다. 그 결과, K-IFRS 제1110호(연결재무제표), K-IFRS 제1111호(공동약정), K-IFRS 제1112호(타 기업에 대한 지분의 공시)가 제정되었으며, K-IFRS 제1027호(별도재무제표), K-IFRS 제1028호(관계기업과 공동기업에 대한 투자)가 개정되었다. 따라서 기존 연결회계처리 빛 수석공시에 변화가 예상된다.

과거 기준인 제1031호(조인트벤처 투자지분)은 조인트벤처를 공동지배사업, 공동지배자산, 공동지배기업의 세가지 유형으로 분류하였다. 2013년 새로 제정된 제1111호(공동약정)은 제1031호(조인트벤처 투자지분)을 대체하고 공동지배사업과 공동지배자산을 합하여 공동영업으로 분류하고 공동지배기업을 공동기업으로 분류하여 공동지배력 판단의 실무지침을 좀 더 투명하게 제시하고자 하였다.

공동지배력은 계약상 합의에 의하여 약정의 지배력을 공유하는 것이다. 지배력은 중요한 의사결정을 단독으로 할 수 있는 반면, 공동지배력은 중요한 의사결정을 할 때 둘 이상의 주주들이 모두 동의할 때만 의사결정이 이루어진다.

공동지배력은 둘 이상의 당사자들이 있어야 하고 계약상 약정에 따라 지배력을 행사하기 위해서는 그 당사자들의 동의가 필요하다. 단일의 당사자 그 누구도 약정을 단독으로 지배하지 않는다. 관련 활동에 대한 의사결정을 할 때 지배력을 공유하는 당사자들 전체의 동의가 필요하기 때문에 전체의 동의가 이루어지지 못할 경우 공동지배력은 성립하지 않는다.

예를 들어, 약정에 따라 A는 50%, B는 30%, C는 20%를 보유하며 관련 활동에 대한 결정을 위하여 최소한 의결권 75%를 요구한다고 가정한다. 이 경우 A는 50%이므로 혼자서는 불가능하지만 A가 30%를 보유한 B와 함께 하면 의결권 75% 이상을 얻을 수 있게 된다. 즉, A와 B 모두의 동의가 있어야 약정의 관련 활동이 이루어질 수 있게 된다. 따라서 A와 B는 공동지배력을 보유하게 된다.

공동약정은 둘 이상의 투자자가 공동지배력을 보유하기로 한 약정을 말한다. 공동약정은 그 유형에 따라 공동영업(joint operations)과 공동기업(joint ventures)로 분류된다. 공동약정은 약정에 따른 당사자의 권리와 의무에 대한 평가에 따라 분류하는데 별도기구로 구조화되는지 여부로도 구분할 수 있다. 공동약정이 별도기구로 구조화되지 않는다면 이는 공동영업이다. 공동약정이 별도기구로 구조화된다면 이는 공동영업이 될 수도 있고 공동기업이 될 수도 있다. 공동약정은 ①별도기구의 법적 형식, ②계약상 약정의 조건, ③그밖의 기타사실과 상황을 고려하여 공동영업인지 또는 공동기업인지를 판단하기도 한다.

공동영업은 그 약정의 자산에 대한 권리와 부채에 대한 의무를 보유하는 공동약정을 말한다. 공동영업은 자신의 지분에 해당하는 자산과 부채, 수익과 비용을 특정 자산, 부채, 수익 및 비용에 적용되는 기준서에 따라 회계처리한다. 예를 들어, 원유추출을 목적으로 A와 B는 하나의 송유관을 공동으로 지배하는 경우, 계약상 약정에 따라 합의된 비율(50:50)만큼 자신의 지분에 해당하는 비용을 각자 인식한다.

공동기업은 약정의 공동지배력을 보유하는 투자자들이 약정의 순자산에 대한 권리를 보유하는 공동약정을 가진 기업이다. 공동기업에 대한 공동지배력은 공동약정에 의하여 이루어진다. 한 기업이 외국에서 그 나라의 정부 또는 그 밖의 정부기관과 공동으로 지배하는 별도의 기업을 설립하여 사업을 시작하는 경우도 공동기업의 한 예이다.

공동기업은 별도기구로 구조화되며 피투자기업의 순자산에 대한 기업의 몫을 반영하는 지분법으로 회계처리를 한다. 지분법은 K-IFRS 제1028호(관계기업과 공동기업에 대한 투자)에 따라 회계처리한다. 참여자가 지분법을 적용하여 공동기업에 대한 지분을 인식할 경우 적용할 지분율은 단순히 소유하고 있는 지분율이 아니라 계약에 의해 합의된 지분율이다.

예를 들어 참여자의 지분율이 25%인데 계약에 의해 공동기업의 이익의 30%에 대한 권리를 가질 수 있다. 이 경우 참여자는 지분법 적용 시에 특정계약사항을 반영하여 공동기업 이익의 30%에 대한 지분법이익을 인식한다. 또한 내부거래에 따른 미실현손익을 제거할 때도 미실현손익의 30%에 대하여 지분법을 적용한다. 이러한 회계처리가 계약내용의 경제적 실질과 지분법회계를 제대로 반영할 수 있기 때문이다. 따라서 지분법 적용 시 적용할 지분율은 공동약정의 내용에 따라 달라지는 것이다.

새로운 규정이 종전의 혼란제거에 큰 도움이 되는 실무지침이 될 것으로 기대한다.

22

새로운 회계제도에 대한 문제점

2013년 7월

우리나라는 2011년에 국내기업들의 가치를 제대로 평가받기 위해서 국제회계기준(IFRS)을 전면 도입하였다. 한국에서 채택한 국제회계기준을 K-IFRS라고 한다. IFRS의 채택은 국가 간 비교가능성과 회계투명성을 향상시켜서 외국인 투자자가 한국 주가를 낮게 평가하는 코리안 디스카운트를 줄이는 효과도 있다.

그런데 IFRS는 기업의 자의적인 회계처리 선택을 많이 허용하고 있으므로 회계정보를 이용하는 투자자들을 제대로 보호할 수 없을 것이라는 논란이 있다. 반면 IFRS 도입의 긍정적 효과는 통일된 기준을 사용하여 각국의 회사들이 회계장부를 만들기 때문에 국가별로

서로 상이한 회계기준에 따라 장부를 작성할 필요가 없으므로 이에 따른 비용절감이 가능하다. 따라서 한 번만 제대로 공부해두면 어떤 나라의 기업에 대해서도 이해가 수월할 수 있다. 또한 국내와 해외에 대한 투자가 더욱 효율적이고 효과적으로 수행될 수 있다.

다만 미국은 IFRS를 도입하지 않는 대신 미국 주식시장에 상장된 외국회사는 미국 회계기준이 아닌 IFRS에 따라 재무제표를 작성하도록 허용하고 있다. 단지 IFRS와 미국 회계기준의 차이로 인해 이익, 자산, 부채, 자본이 어떻게 달라지는지 요약한 표를 첨부하면 된다. 이에 따라 상당한 비용절감이 예상된다.

그러나 새로운 회계제도의 도입으로 인해 발생한 문제도 있다. 과거 회계기준은 매출액에서 매출원가와 판매관리비를 차감한 것을 영업이익이라 하고 영업이익 계산에 포함해야 할 항목을 규정했다. 반면 원칙 중심인 K-IFRS에는 이런 규정이 없고 기업자율에 의해 영업이익을 계산한 후, 주석을 통해 자세히 공시하면 되었다.

그런데 최근에 영업외수익으로 분류하던 유형자산처분이익과 대손충당금환입 등이 영업이익에 포함되면서 영업이익 공시문제가 발생하였다. 이로 인해 전년 동기보다 영업이익이 몇백% 증가하는 기업들이 발생하였다. 금융감독원에 따르면 3년 연속 영업이익이 적자인 코스닥 상장사 69곳 가운데 41곳이 2011년 영업이익 흑자를 기록하면서 관리대상에서 제외되었다고 발표했다. 이들 중 절반은 영업이익 항목을 회사가 임의로 정할 수 있는 새로운 회계제도를 이용해서 흑자전환이 가능했던 것이다.

예를 들어, 이건산업과 디스플레이테크는 2010년도 영업이익을 공시하지 않았으며 KSS해운과 현대상선은 유형자산처분손실을 영업이익에 포함하였다. 배당금수익을 영업이익에 포함하는 회사도 있었다. 이러한 문제점을 보완하기 위해 금융감독원은 K-IFRS를 재개정해서 영업이익을 2011년부터 포괄손익계산서에 표시하도록 의무화했고 영업이익을 어떻게 계산하는 것이 적정한지 연구한 후 2012년 7월 회계기준원을 통해 K-IFRS 개정초안을 발표했다.

개정초안에 의하면 기업들은 K-IFRS에 의해 정의된 영업이익과 다른 독자적인 방식으로 정의한 영업이익이 기업의 수익성 평가에 더 적절하다고 판단하면 후

자의 정보를 '조정이익'이라는 이름으로 주석에 공시할 수 있도록 하였다. 따라서 영업이익은 매출액에서 매출원가와 판매관리비를 차감한 것으로 하였고 판매관리비에 들어가는 세부 항목들도 열거함으로써 종전 기준으로 환원하였다.

새로운 회계제도의 도입으로 발생하는 혼란의 근본 원인은 회계처리 방법의 자율성이다. IFRS에서는 거래 발생시 회계처리하는 데 기업들의 자율성이 기존에 비해 너무 크므로 기업 간 비교가 더 어려워졌다. 특히 재무제표를 제대로 읽고 해석할 줄 아는 회계정보 이용자가 드물다. 따라서 이러한 문제점을 보완하기 위해 기업의 회계처리방법에 대해 주석을 통해 자세히 공시하도록 규정하고 있다.

앞으로는 재무제표와 함께 주석을 더 자세히 읽어야 할 것으로 보인다. 또한 회계정보이용자들은 과거보다 더 열심히 회계공부를 해서 이해하기 어려운 새로운 회계제도의 위기를 회계지식의 지평을 넓히는 기회로 활용해야 할 것이다. 또한 어려운 경제상황하에서 기업은 회계처리 방법을 자의적으로 선택해 성과를 좋게 포장하려고 할 가능성이 높기에 감독당국은 보다 엄격한 지도와 함께 보완을 통해 새로운 회계제도의 발전을 더욱 도모해야 할 것이다.

23

재무보고를 위한 개념체계의 개정에 관하여…

2013년 12월

국제회계기준위원회(IASB)는 최근 '재무보고를 위한 개념체계'(개념체계)의 개정작업을 진행하고 있다. 개념체계는 외부이용자를 위한 재무제표의 작성과 표시에 있어 기초가 되는 개념을 정립하며 기업실무를 위한 표준화된 회계기준을 개발하는 데 필요한 이론적 근거이다. 개념체계는 회계기준위원회가 일관성 있는 회계기준을 제정 개정함에 있어 도움을 주며, 재무제표의 작성자가 회계기준이 정립되지 않은 새로운 거래에 대하여 회계정책을 개발하는 데 준거체계를 제공하는 지침으로서의 역할을 수행한다.

IASB는 동 개념체계를 개정하기 위한 첫 단계로서

토론서(DP) '재무보고를 위한 개념체계 검토'를 2013년 7월에 발표하였다. 현재 한국회계기준원은 동 개념체계 DP의 주요 내용을 소개하고 여러 이해관계자의 다양한 의견을 듣고 토론하여 이를 토대로 국제회계기준위원회에 의견을 제시할 수 있는 기회를 마련하고 있다. 2015년에 완료될 예정인 개념체계는 IFRS와 이해가 상충될 때 IFRS보다 우선하지는 않는다. 또한 개념체계가 개정되었다고 자동으로 회계기준이 개정되는 것은 아니다.

DP에서는 자본, 수익과 비용의 정의는 현행 개념체계와 동일하나 자산과 부채의 정의는 다르다. 현행 개념체계에서는 자산을 과거 사건의 결과로 기업이 통제하고 있고 미래 경제적 효익이 기업에 유입될 것으로 기대되는 자원으로 정의하고 있는 반면에 DP에서는 과거 사건의 결과로 기업에 의하여 통제되는 현재의 경제적 자원으로 정의하고 있다. 자산은 궁극적으로 회사에 최종 미래 유입되는 경제적 효익 자체가 아니며 자산의 정의를 충족하기 위한 경제적 효익의 유입가능성인 최소기준(minimal threshold)이 없다.

예를 들어, 기초자산에 대한 콜옵션에서 자산은 기

초자산이 아니라 기초자산을 구매할 수 있는 계약적 권리가 자산인 것이다. 또한 매수한 옵션은 미래시점에 옵션을 행사할 수 있는 권리를 말하는 것이지, 옵션 행사시점에서 보고기업이 수취할 미래 경제적 효익을 말하는 것은 아니다. 현행개념체계에서는 경제적 자원의 정의가 없는데 DP에서는 경제적 자원을 경제적 효익을 창출할 수 있는 권리로 정의한다. 즉, 자산은 경제적 효익의 가능성은 높지 않으나 잠재력만 있으면 자산이 될 수 있다.

현행 개념체계에서는 부채를 과거 사건에 의하여 발생하였으며 경제적 효익을 갖는 자원이 기업으로부터 유출됨으로써 이행될 것으로 기대되는 현재의무로 정의하고 있는 반면에 DP에서는 과거 사건의 결과로 경제적 자원을 이전할 기업의 현재의 의무로 정의한다. 이는 기업이 경제적 자원의 이전을 요구받을 것이 확실하거나 그 가능성이 높아야 하는 것이 아니다.

예를 들어 풋옵션의 경우 미래 행사가능성이 낮아도 현재 이행할 의무를 부채로 인식한다. 부채는 최종 미래 유출되는 경제적 효익 자체가 아니며 부채의 정의를 충족하기 위한 경제적 효익 유출가능성인 최소기준이 없다. IASB는 법적으로 강제가능한 의무와 잠정적으로 의제의무를 포함한 기존부채의 정의를 유지하지만 미래활동에 의해 결정되는 의무에 대해서는 결정을 내리지 않고 있다.

이와 같이 DP는 자산과 부채의 정의에서 '기대되는(expected)'이라는 개념을 더 이상 사용하지 않는다. 그 대신 자산은 경제적 효익을 창출할 수 있어야 하고, 부채는 경제적 자원의 이전을 초래할 수 있어야 한다. 또한 IASB는 미래 경제적 효익의 유입과 유출 가능성이 자산과 부채의 인식여부를 결정하지 못한다고 잠정적으로 결정하고 있으며 결과의 불확실성은 측정단계에서 해결할 문제라고 한다.

한편, 현행 개념체계에서는 자기지분상품의 발행의무에 대한 구체적 지침이 부재하다. 현행 IAS 32에서는 자기지분상품을 발행해야하는 의무 중 발행금액과 발행주식수의 고정대고정조건을 만족하지 않는 경우 부채로 분류하고 있다. 반면, DP에서는 자기지분상품 발행의무는 자본에 해당하며 보고기간 말 자본분류별 재측정을 요구하며 자본변동표에 재측정의 결과를 보여줌으로써 분류간의 '부의 이동'정보의 제시를 요구한다. 또한 DP에서는 표시(presentation)는 주요재무제표의 본문에 재무정보를 공시하는 것이며 공시는 표시보다 넓은 개념으로서 주요 재무제표에서 표시되는 금액과 항목을 포함하여 재무제표의 주석정보까지 포함한다.

앞으로 정보이용자들은 DP에서 제안하고 있는 개정되는 개념체계를 충분히 이해하여 관련 회계기준의 이론적 근거와 회계정보의 올바른 해석을 위한 지침으로 활용할 필요가 있다.

24

IFRS 도입 후 연결재무제표 관련 법인세 회계

2014년 4월

연결재무제표와 관련된 법인세 회계는 우리나라의 경우 연결납세제도가 2010년도에 도입된 후 완전지배관계에 있는 내국법인에만 적용되고 있으며 그 외에는 개별기업 기준으로 납세를 하고 있기 때문에 많은 경우 개별기업의 관점에서 법인세회계가 다루어진다. 연결납세제도는 모회사와 자회사가 경제적으로 결합되는 경우 경제적 실질에 따라 해당회사를 하나의 과세단위로 보고 소득을 통합하여 법인세를 결정하는 것이다. 이에 반해 개별기업 기준으로 세금을 계산할 경우 개별재무제표상 자산과 부채의 장부금액과 법인세법에서 인정되는 자산과 부채의 세무기준액이 차이가 나는 경우 그러한 일시적차이에 대한 법인세효과를 이연법인세자산 또는 이연법인세부채로 인식한다.

개별회계상 인식한 이연법인세 외에 연결재무제표 작성시에도 연결재무제표상 자산과 부채의 장부금액과 관련 세무기준액을 비교하여 일시적 차이가 존재하면 그에 대한 법인세효과를 연결재무상태표와 연결포괄손익계산서에 인식해야 한다. 연결대상회사들은 연결대상회사 각각의 개별재무제표에서 발생한 이연법인세자산과 이연법인세부채를 연결재무제표 작성시 합산하여 총액으로 표시한다.

일시적차이에 대한 법인세효과가 발생하는 연결단계는 첫째, 종속기업 투자계정과 종속기업 자본계정의 상계제거시, 둘째, 공정가치차이의 후속처리 및 영업권의 후속처리시, 셋째, 지배기업과 종속기업간 내부거래 제거시 등이 있다. 지배기업의 연결재무상태표상 종속기업의 자산과 부채는 종속기업 취득시점의 공정가치로 평가한다. 단순재무제표 합산후에 연결조정분개가 이루어지므로 연결재무제표에는 자산의 장부금액과 공정가치 차이가 추가 계상되어 연결재무제표상 장부금액은 증가한다. 그러나 세무기준액은 실제보유기업인 종속기업 개별재무제표에서 결정된다. 따라서 연결재무제표상 자산과 부채의 장부금액과 세무기준액 사이에는 일시적차이가 발생하고 이러한 일시적차이로 인한 법인세효과를 이연법인세자산 또는 이연법인세부채로 인식한다.

예를 들어, 자산의 장부금액은 공정가치로 증가하였으나 자산의 세무기준액은 종속기업의 원가로 남아 있는 경우 이연법인세부채를 초래하는 가산할 일시적차이가 발생한다. 이때 자산이나 부채의 평가차액으로 인해 이연법인세부채가 발생하면 그만큼 종속기업의 부채가 증가한 것에 해당하므로 순자산이 감소하여 영업권이 증가하거나 염가매수차익이 감소한다.

영업권의 가산할 일시적차이에 대한 이연법인세부채는 인식하지 않는다. 그 이유는 영업권은 잔여금액으로 측정되므로 만일 영업권과 관련하여 이연법인세부채를 인식하게 되면 그만큼 영업권이 증가하고 다시 이연법인세부채를 추가로 인식하게 되는 순환적인 과정을 반복하게 되기 때문이다. 추후에 연결재무제표관점에서 해당 자산의 외부 판매 등으로 인한 실현 시점에 세무상 손금으로 인정되지 않는 금액에 대한 법인세효과만큼을 이연법인세부채로 인식할 수 있다. 이는 자산부채법의 논리에 충실한 회계처리 방법이 된다.

연결재무제표를 작성하는 과정에서 연결대상기업간 자산거래에 포함된 미실현손익은 제거한다. 이때 연결재무제표상에 해당 자산은 내부미실현이익이 제거된 금액으로 나타나게 되는 반면에 세무기준액은 내부미실현이익이 포함된 거래금액으로 그대로 유지되기 때문에 개별재무제표상 내부거래가 발생한 연도에 인식한 미실현이익에 대해 법인세를 납부하게 된다. 따라서 내부거래가 발생한 연도에 미실현이익과 관련하여 납부하는 법인세부담액은 이연법인세자산으로 인식하고 당해 연도의 법인세비용을 줄인다. 이연법인세자산은 자산 내부거래 미실현이익 제거를 통한 장부금액 감소액에 따른 차감할 일시적차이를 인식한 결과이다.

한편, 종속기업에 대한 투자자산과 관련된 모든 가산할 일시적차이에 대하여 이연법인세부채를 인식한다. 다만, 지배기업이 일시적차이의 소멸시점을 통제할 수 있거나 예측가능한 미래에 일시적차이가 소멸하지 않을 가능성이 높다면 이연법인세부채를 인식하지 아니한다.

정보이용자의 경우 연결납세제도와 개별기업 기준의 납세회계처리에 있어 어떤점이 다른지에 대한 이해가 필요하다.

25

비영리법인의 회계투명성 제고

2014년 10월

그동안 회계투명성 제고의 노력에 있어 상대적으로 관심을 덜 받아왔던 비영리조직들이 그 수와 규모가 빠른 속도로 늘어나며 문제점이 나타나고 있다. 한 예로 얼마 전 강남 소재의 모 복지재단이 구청으로부터 5년치 재산세 3억여 원을 한꺼번에 추징당한 일이 있었는데 이 복지재단이 운영하는 아트센터 현장조사 결과 "공익사업이 아닌 수익사업을 하고 있다"는 이유에서였다. 복지재단은 소송을 제기하여 어려운 과정을 겪은 후에 다행히 재산세를 되돌려 받으라는 법원 판결을 받았다.

이 복지재단처럼 최근 카페, 강좌운영, 중고 물품 판

매 등 수익사업을 하는 비영리법인이 늘고 있는 데 반해, 비영리법인의 과세 문제에 대한 전문가도 부족하며 법률 가이드도 제대로 갖춰져 있지 않다는 데 문제가 있다. 일부 비영리법인은 재산세, 법인세 등 법률 지식과 노하우가 부족해서 세금 폭탄을 맞거나 투명성 논란을 빚기도 한다. 세금 추징 때마다 수익사업인지 또는 목적사업인지를 두고 소송하는 것은 비영리법인에 큰 부담이 된다.

비영리법인이 수행하는 사업이 당해 법인의 법령 또는 정관에 규정된 고유목적사업 여부와 관련없이 법인세법 제3조제3항 및 같은 법시행령 제2조 제1항의 규정에 의한 수익사업에 해당하는 경우에는 이를 수익사업으로 본다. 현행법상 종교시설이나 사회복지 법인의 부동산에는 재산세와 취득세를 부과하지 않지만, 이 부동산을 이용해 수익사업을 하면 구청에 세금을 내야 한다. 수익금이 고유목적사업을 위해 쓰인다고 해서 무조건 면세 대상이 되는 것은 아니다. 해당 사업이 비과세 대상인 고유목적사업이 되려면 활동 범위·내용 등 다양한 요소를 종합적으로 고려해야 한다.

비영리법인의 고유목적사업과 수익사업을 구별하는

중요한 판단 요소는 먼저 정관을 살펴보고 진행하는 사업들이 정관에 기재된 목적사업에 포함돼야 한다. 만약 정관에 없으면 주무 관청 허가를 받아 목적사업을 추가해야 한다. 만일 노인 복지 사업을 하는 비영리법인이 사업 대상과 상관없는 외부 사람들이 주로 이용하는 카페를 운영한다면 수익사업이 될 확률이 높다.

또한 대관료나 판매금액이 일반 시중 가격과 비슷하거나 더 비싸면 수익사업에 가깝다. 반면 외부인으로부터 사용료를 받더라도 수익금이 건물 유지를 위한 운영 실비에 그친다면 세금 추징 위험을 줄일 수 있다고 한다.

수익 사업에서 발생한 금액을 적립해 두었다가 목적사업에 사용할 경우 법인세를 내지 않아도 된다. 비영리법인이 수익사업에서 발생한 이익금을 목적 사업에 사용하기 위해 적립해두는 것을 '고유목적사업준비금'이라고 한다.(법인세법 제29조).

비영리법인이 자주 직면하는 회계이슈는 ①유형자산에 대한 감가상각을 하고 있는지, ②1년 이상 근속자에 대한 퇴직급여충당금을 설정하고 있는지, ③계정분류가 제대로 되어 있는지, ④목적사업과 수익사업의 기본재산금액이 구분되어 있는지, ⑤수익과 비용이 목적사업과 수익사업에 따라 상세히 분류가 되어 있는지, ⑥고유목적사업준비금을 부채가 아닌 자본으로 분류하고 있는지 등이다. 이와 같이 비영리법인의 운영의 투명성을 위해서는 회계투명성 확보가 필수적이다. 한국공인회계사회가 진행하고 있는 "비영리단체의 회계투명성 제고를 위한 공인회계사의 재능기부" 사업의 추진과 활용도 바람직해 보인다.

시장의 질서는 영리이건 비영리이건, 참여자들 사이의 신뢰를 바탕으로 한다. 신뢰구축의 핵심 장치인 회계투명성이 제대로 작동하는지 다시 한번 살펴보고 비영리법인의 투명성을 통해 비영리법인의 사회적 가치를 제대로 인정받아 더 많은 기부를 이끌어내는 것이 중요하다고 본다.

26

기업의 회계투명성과 이익투명성의 제고

2015년 2월

재무제표에는 이익정보를 비롯한 다양한 회계정보가 포함되어 있으며, 회계정보는 시장참여자의 의사결정에 유용한 정보를 제공함으로써 자원의 효율적 배분이라는 사회적 기능을 담당한다. 재무회계 개념체계에는 유용한 회계정보가 갖추어야 할 질적 속성으로 목적적합성, 표현의 충실성, 이해가능성 등을 명시한다. 회계투명성이란 재무보고의 질적 속성을 갖춘 회계정보를 정보이용자에게 제공하는 것이라고 정의할 수 있다. 시장참여자들이 이용하는 회계정보가 기업의 경제적 가치변화를 효과적으로 설명할 수 있다면 유용한 회계정보가 갖추어야 할 질적 속성을 가진 정보라고 볼 수 있고, 이는 회계투명성의 정의에 부합한다.

우리나라에서는 1997년 외환위기를 겪으면서 회계정보의 신뢰성과 기업경영의 투명성을 제고하기 위해 많은 노력을 기울였다. 그러나 회계투명성을 높이기 위한 다각적인 노력에도 불구하고 2013년 스위스 IMD에서 시행한 국가경쟁력 평가에서 우리나라의 회계투명성 평가순위는 조사대상국 60개국 중 58위로 하위권에 머물렀다. 세계 10위권 수준의 우리나라 경제규모와 비교할 때 우리나라의 회계투명성은 매우 낮은 수준이라고 할 수 있다. 이처럼 국제회계기준(IFRS)을 도입한 이후에도 회계투명성 결여가 코리아 디스카운트의 원인이 됨에 따라 최근 회계투명성에 투자자, 경영자, 정책당국의 관심이 높아지고 있다.

그러나 회계투명성이라는 개념은 관측이 불가능하기 때문에 개별기업의 회계투명성을 평가하는 데에는 측정상의 어려움이 따른다. 정보이용자 입장에서는 공시를 통해 제공받는 정보의 품질(공시품질)을 통해 회계투명성을 평가하고자 할 것이며, 정보제공자 입장에서는 제공하는 회계정보의 품질(회계정보의 질)을 통해 회계투명성을 평가하고자 할 것이므로 회계투명성에 대한 명확한 평가기준을 선정하는 데에는 어려움이 따른다. 학계에서는 회계투명성의 대용치로 발생액의 질, 재량적 발생액, 회계투명성 및 공시지수 등을 이용하여 연구하고 있다.

반면에 이익투명성은 주가수익률에 대한 이익수준 및 이익변화의 설명력 수준으로 평가된다. 효율적 자본시장에서는 공시된 정보가 빠짐없이 주가에 반영된다고 가정하기 때문에 주식수익률은 기업의 경제적 가치의 변화를 반영한다. 따라서 이익정보에 대한 자본시장의 평가로 측정된 이익투명성은 객관적인 측정치라고 할 수 있다. 따라서 이익정보가 기업의 경제적 가치 변화를 얼마나 효과적으로 설명하는지를 기준으로 이익투명성을 정의하기도 한다.

이익투명성 측정치의 구성요소는 이익과 주가정보이다. 재무제표에 보고되는 이익정보는 기업의 경영성과를 나타내는 대표적인 요약지표라는 점에서 중요한 회계정보로 인식되고 있다. 뿐만 아니라 이익정보는 기업의 미래 수익성, 채무이행능력 등을 평가하는 데 유용하게 이용된다는 점에서 목적적합한 정보라고 할 수 있다. 한편, 주가는 미래현금흐름의 현재가치로 정의된다. 이익정보가 기업의 경제적 가치를 잘 설명한다는 것은 이익정보가 미래현금흐름 또는 할인율(자본비용)에 영향을 미친다는 것을 의미한다.

이익정보가 기업의 경제적 가치변화를 효과적으로 설명하며 자본조달 비용을 감소시키는 효과가 있다는 최근 학계의 연구결과는 경영자뿐만 아니라 투자자 및 감독기관 등에게 중요한 시사점을 제공할 것으로 생각된다.

27

지주회사의 이익특성에 관하여…

2015년 8월

지주회사는 모회사라고도 불리며 자회사들 주식의 일부 또는 전부 소유를 통하여 자회사들의 사업내용을 실질적으로 지배하는 회사를 말한다. 현행 관련법상 지주회사 요건은 ①자산총액이 1,000억 원 이상 이면서, ②지주회사 총 자산의 50% 이상을 자회사주식으로 보유하는 회사이다.

1997년 말 외환위기 이후 기업구조조정의 원활한 추진이 강력하게 요구되면서 지주회사의 허용 필요성이 대두되었다. 지주회사가 가지는 외자유치상의 장점, 비주력 사업의 분리매각 촉진 등 구조조정 차원의 순기능이 부각된 것이다. 당시 OECD와 IBRD 등에서도 기업경영의 투명성 제고, 구조조정 촉진 등을 위해 지주회사 제도의 도입을 권고하였다. 이에 따라 공정거래위원회(공정위)는 지주회사가 기업구조조정의 수단으로 활용될 수 있도록 하되 경제력집중의 폐해는 방지될 수 있는 제도개선이 필요하였고 이에 따라 1999년 4월 처음으로 지주회사설립을 제한적으로 허용하게 되었다.

공정위는 지주회사 전환 제도의 취지를 크게 세 가지로 정리하고 있다. 첫째, 지주회사 제도는 소속 기업 간 수평적 출자를 금지하고 수직적 출자만을 허용하는 등 기업 집단의 지분 구조를 단순하고 투명하게 한다. 둘째, 지주회사라는 법적 실체에 의한 경영 방식은 법적 지위가 명확하지 않은 구조조정본부 등의 음성적 기업 경영을 벗어나 기업 경영의 책임 소재를 명확하게 한다. 셋째, 지분 관계의 수직적 단순화를 통해 사업 분리 매각이나 진입 또는 퇴출을 유연하게 하여 기업 구조조정을 용이하게 한다.

이러한 지주회사는 한국사회에서 생소하였고 일반기업과는 그 성격과 역할이 판이하게 달랐다. 지주회사는 일반기업의 영업과 달리 자회사의 지배와 관리가 주된 영업이라고 하겠다. 따라서 그 재무제표 역시 특이하다. 예를 들어, 손익계산서상 지주회사 수익의 대부분은 자회사 이익 중 지분율에 해당하는 이익을 인식하는 지분법이익으로 구성된다. 지주회사는 지분법이익 외에 자회사로부터 인식하는 경영자문료, 판매대행수수료, 전산수수료 등의 용역수수료 수익과 자사 산하 연구소의 신기술 연구 및 개발 기술의 이전과 지원을 통한 로열티(브랜드) 수익 등을 인식하기도 하지만 그 비중은 매우 작다. 예를 들어 2010년 GS(주)의 지분법이익은 전체 수익의 92.5%를 차지하고 있으며, 농심홀딩스(주) 등은 100% 지분법이익 만을 수익으로 계상하고 있다. 따라서 지주회사의 이익특성은 영업활동으로부터의 매출이 수익에서 가장 큰 비중을 차지하는 일반기업과 다르다고 할 수 있다.

지주회사의 경우 사업의 특성상 지분법이익을 영업수익으로 인식하며, 그 수익은 현금이 아닌 발생액으로 분류된다. 따라서 지주회사의 이익 중 발생액이 차지하는 비중은 일반기업의 이익 중 발생액이 차지하는 비중에 비해 더 크다고 할 수 있다. 왜냐하면 지주회사의 수익 중 대부분은 발생액인 지분법이익이기 때문에,

지주회사의 이익을 영업현금흐름과 발생액으로 분해하면 이익 중 발생액이 차지하는 비중이 더 크기 때문이다.

또한 지주회사의 발생액 지속성은 일반기업의 발생액 지속성과 다르다고 할 수 있다. 이익의 지속성은 당기의 순이익이 미래기간에도 계속적으로 유지되는 정도를 말한다. 일반기업의 발생액은 매출채권이나 매입채무의 증감, 재고자산의 증감, 대손상각비, 감가상각비, 구조조정비용, 그리고 자산 감액손실 등에서 발생한다. 하지만 지주회사의 발생액은 대부분이 자회사의 이익인 지분법이익에서 발생한다. 따라서 지주회사의 발생액은 발생액이라기보다 자회사의 이익을 의미하기 때문에, 일반기업의 발생액보다 지속성이 더 높을 것으로 예상한다.

이와 같이, 일반기업과는 다른 이익특성을 가지는 지주회사는 우리나라에는 매우 낯설고 생소하지만 앞으로 적응해야만 하는 새로운 경제적 현실이다. 앞으로 경제적 실체에 대한 이해를 높이기 위한 심도깊은 연구가 기대된다.

28

공격적 회계처리와 분식회계에 관하여…

2015년 12월

발생주의회계(Accrual-based accounting)는 수익이나 비용의 인식이 현금의 유입과 유출 시점과 다르게 이루어지는 회계원칙이다. 한국채택국제회계기준(K-IFRS)은 발생주의를 채택하고 있다. 발생주의회계는 기업의 경제적 자원과 경영성과를 보다 적절하게 나타낼 수 있어 투자자들에게 보다 유용한 정보를 제공할 수 있다는 장점이 있다. 그러나 발생주의 회계는 수익과 비용을 인식하는 데 있어 경영자의 주관적 판단이 많이 개입될 수 있다. 이는 경영자가 보수적(conservative)으로 회계처리하기도 하고 그 반대로 공격적으로 회계처리할 수도 있음을 의미한다.

보수적으로 회계처리함은 비용과 부채를 과대계상하고, 수익과 자산을 과소 계상함을 의미하고, 공격적으로 회계처리함은 비용과 부채를 과소계상하고 수익과 자산을 과대계상함을 말한다. 경영자의 이러한 선택은 재무제표에 보고되는 금액을 의도적으로 조정하여 주주의 가치를 희생시켜서 경영자 자신의 보상을 극대화할 수도 있고, 또는 채권자 가치의 희생을 통해 주주의 이익을 극대화할 수도 있음을 의미한다(백복현 2015).

예를 들어, 연구개발비를 비용으로 인식하는 보수적 회계처리는 그 금액만큼 당기순이익을 바로감소시키지만, 연구개발비를 자본화하여 무형자산으로 인식하는 공격적 회계처리는 당기에는 전체 금액 중 해당 기간의 상각비만 비용으로 인식하여 당기순이익이 상대적으로 높게 보고된다. 또한 현금의 유입이 수익과 같이 공격적으로 처리되기도 하고 부채와 같이 보수적으로 처리되기도 한다. 아울러 감가상각기간을 길게 보고하거나 대손율을 낮게 보고하여 공격적으로 처리할 수도 있고 감가상각기간을 짧게 보고하거나 대손율을 높게 보고하여 보수적으로 처리할 수도 있다. 이와 같이 기업의 이익을 분석할 때는 경영자의 주관이 많이 개입될 수 있음을 주의해야 한다.

회계기준이 얼마나 공격적인지 보수적인지는 상대적으로 결정되며, 명확한 구분이 쉽지는 않다. 그러나 회계처리가 매우 공격적이게 되면 회계기준을 위반하여 분식회계의 조건을 구성하게 된다. 수익의 인식시기를 판단하는 데는 경영자의 주관이 개입할 가능성이 높으며 다른 계정과목에 비해 수익항목은 액수가 크기 때문에 약간의 조정으로도 기업의 당기순이익이 큰 영향을 받을 수 있다.

또한, 비용의 인식시기를 조정하는 방법이 사용되기도 하는데 비용의 인식시점을 미래로 이연시킴으로써 당기에 보고되는 이익을 과대계상하기도 한다. 예를 들어, 월드콤은 미국 장거리 전화사업자로서 2001년도에는 14억 달러 정도의 순이익을 보고했다. 그러나 조작된 부분을 제거하면 실제로는 손실로 전환했어야 했다. 이 회사는 통신장비 유지, 보수와 관련된 원가를 손익계산서에 비용으로 보고하지 않고 자산으로 보고하는 방식으로 이익을 부풀렸다.

비용으로 보고하면 바로 그 해의 순이익을 낮추지만

이를 자산으로 보고한 후 감가상각비로 비용화하면 천천히 당기순이익을 감소시키기 때문이다. 이는 일반적인 회계원칙(GAAP)을 위배하는 예이지만 경영자의 주관적 판단이 재무제표에 어떻게, 얼마만큼 영향을 미치는 지 잘 보여주는 예이다(백복현 2015).

이익을 미래로 이연시키기도 한다. 수익의 인식시기를 미래로 이연시키거나 비용을 조기에 인식함으로써 현재의 이익을 줄이고 미래의 이익을 늘릴 수 있다. 예를 들어, 미래 세율의 하락이 예상되는 경우 세금을 적게 내기 위해 당기의 수익을 감소시키려는 유인이 생길 수 있으며, 경영자보상이나 이익유연화을 위해서 이익을 미래로 이연하고자 할 수도 있다.

기존연구에 의하면 일반적으로 새로 임명된 경영자는 임명 초기에 이익을 미래로 이연하고 비용이나 손실을 당기에 많이 인식하려는 유인이 높은 것으로 나타났다. 왜냐하면 임기 초반에 손실을 기존 경영자의 책임으로 돌리면서 많은 손실과 이연된 수익을 통해 미래의 당기순이익을 향상시켜서 본인의 경영 성과로 포함하려는 유인 때문이다.

비경상적 또는 비반복적인 비용항목을 통해서도 분

식회계가 이루어진다. 자산상각이나 구조조정비용 등이 이러한 예이다. 경영자는 이러한 특별항목을 과대계상하여 이익을 기회주의적으로 줄이기도 한다. 이를 Big Bath 회계라고 한다. 당기에 비용을 과대 계상한 후 미래에는 최소화하여 미래의 이익을 올릴 수 있다. 또한, 경영자는 부채나 부실채권 등을 자회사에게 보내서 모회사의 경영실적이 좋게 보이도록 하는 방법을 쓰기도 한다.

분식회계는 Schipper(1989)의 정의에 의하면 사적인 이익을 추구하기 위해 의도적으로 경영자가 재무제표의 공시를 조정(management)하는 것을 말한다. 이 경우 회계기준을 위반한 경영자는 물론 적절히 발견하여 조치를 취하지 못한 외부감사인도 법적인 책임을 지게 된다. 엔론의 회계조작사건에서 관련된 경영자들은 모두 법적인 책임을 졌으며 회계법인인 Arthur Andersen은 회사 문을 닫게 되었다.

한국채택국제회계기준은 복잡한 수익인식기준을 마련해 두고 있다. 금융감독 당국은 기업들이 지나치게 공격적으로 회계처리를 하지는 않는지 매우 주의깊게 살펴볼 필요가 있다.

29

「기타포괄손익」의 정보유용성에 대한 이해

2016년 6월

자본시장이 국제화됨에 따라 세계적으로 통일된 회계기준의 필요성이 증대되면서 국제회계기준(IFRS)이 제정된 이후, 한국회계기준원에 따르면 2015년기준 약 120여 개국이 IFRS를 의무적용하거나 허용하고 있다. 우리나라의 상장법인은 2011년부터 한국채택국제회계기준(K-IFRS)을 의무적으로 적용하고 있다.

국제회계기준위원회(IASB)는 2010년 제정된 '재무보고를 위한 개념체계'에서 포괄손익계산서에 총포괄손익을 당기손익과 기타포괄손익으로 구분·표시하도록 규정하였다. 포괄손익은 일정기간 동안 주주와의 자본거래를 제외한 모든 거래나 사건에서 인식한 자본의 변동이며 기타포괄손익은 자산·부채의 공정가치평가에 의한 손익으로 당기순이익에 포함하면 당기손익이 왜곡되거나 또는 기간간에 당기손익의 변동이 너무 심할 것으로 우려되어 포함하지 않기로 정한 손익이다.

그 후 IASB는 기타포괄손익을 추가 구분하여 후속기간에 당기손익으로 재분류될 수 있는 항목과 재분류되지 않는 항목으로 나누어 포괄손익계산서를 작성하도록 하였다. 재분류조정(reclassification adjustments)이란 당기나 과거기간에 인식된 기타포괄손익이 당기손익으로 재분류된 금액을 말한다.

우리나라의 기타포괄손익 보고방법은 2007년 재무상태표의 자본조정 공시에서 손익계산서의 주석공시로 변경되었으며 재무상태표에는 기타포괄손익누계액으로 변경되었다. 한국채택국제회계기준(K-IFRS)가 전면 도입된 2011년도 이후부터는 주석공시에서 포괄손익계산서상의 본문표시로 변경되었다.

이후 한국회계기준원은 2012년 K-IFRS 제1001호 "재무제표 표시" 개정기준에서 당기의 자산부채 변동에 따른 금액 중 주로 평가손익과 관련한 금액은 당기손익으로 표시하지 않고 기타포괄손익으로 표시하며,

이 중 "당기손익으로 재분류되지 않는 항목"과 "당기손익으로 재분류되는 항목"으로 구분하여 표시하도록 하였다. 이는 그동안 재무제표상에 왜곡될 수밖에 없었던 정보들을 구분하여 제대로 표현하기 위함이다. 이로 인해 시장참여자들은 재무제표 본문을 통해 실현손익인 영업이익과 영업외손익뿐만 아니라 미실현손익인 기타포괄손익 정보도 이용가능해진 것이다.

이러한 구분표시로 인해 재무제표 이용자들은 기타포괄손익은 배당으로 당장 지급이 어려운 금액이라는 것을 이해하게 되었다. 한편, 당기손익으로 재분류되는 항목은 매도가능금융자산평가손익, 해외사업장의 환산으로 인한 차이, 현금흐름위험회피 위험회피수단의 평가손익 중 효과적인 부분 등이 있다. 재분류가 가능한 시점은 관련자산이나 부채를 장부상에서 처분할 때 당기손익으로 대체가 가능해진다. 즉, 해외사업장을 매각할 때, 매도가능금융자산을 제거할 때, 위험회피예상거래가 실제로 발생하여 당기손익에 영향을 미칠 때 나타난다. 이는 미실현손익을 나중에 실현되었을 때 인식하자는 것이다.

반면 당기손익으로 재분류되지 않는 항목은 자산재

평가로 인한 재평가잉여금의 변동, 확정급여제도의 재측정요소, 관계기업의 자산재평가차익에 대한 지분 등이 있다. 이들 항목들은 당기손익에 영향을 주게 되면 재무제표가 왜곡될 수 있으므로 재분류조정이 불가능하고 당기손익이 아닌 이익잉여금으로 직접 대체가 가능하다.

IASB 개정은 실현주의에 의해 손익을 인식하는 당기업적주의 중심의 손익계산서에다가 자산·부채의 공정가치 평가로 인해 발생한 미실현손익을 포괄손익계산서의 기타포괄손익에 반영함으로써 포괄적 개념으로 경영성과 측정에 필요한 회계정보를 정보이용자에게 제공하고자 하는 것이다. 이는 IASB가 당기업적주의보다는 포괄주의에 따른 이익정보가 시장참여자의 경제적 의사결정에 더 유용한 정보임을 채택한 것이라 할 수 있다. 또한 기타포괄손익은 주로 자산·부채의 공정가치 평가와 관련된 항목으로 구성되어 있다는 점에서 IASB는 역사적 원가의 신뢰성보다는 공정가치의 목적적합성을 보다 중요한 이익의 질적 속성으로 고려한 것임을 시사한다.

그러나 공시된 기타포괄손익정보를 이해하는 데에

는 상당한 전문적인 지식이 필요하기 때문에 기타포괄손익의 구체적인 발생원인, 구성요소 등 그 정확한 내용에 대한 투자자들의 이해가능성은 상대적으로 떨어질 수밖에 없다. 또한 현행기준에서는 재평가잉여금과 매도가능금융자산평가손익 모두 보유자산에 대해 인식한 미실현손익임에도 불구하고 재평가잉여금은 후속적으로 당기손익 재분류를 허용하지 않는 반면, 매도가능금융자산평가손익은 후속적으로 당기손익 재분류를 허용하는 근거에 대해서 아무런 언급을 하고 있지 않다.

기타포괄손익은 순자산의 변동을 설명하고 있다는 점에서 목적적합한 정보이지만 주가, 환율, 금리 등과 같은 시장환경의 변화에 따라 미래이익 변동성이 커질 수 있음에 유의해야 한다. 특히, 미실현이익의 크기가 크다는 것은 미래 당기손익의 변동성이 높다는 것으로 이해할 수 있다.

30

환율변동에 따른 외화환산 위험관리의 중요성

2016년 11월

환율의 변동은 기업의 재무제표에 중요한 영향을 미친다. 국내기업의 해외시장 수출액은 1990년에 650억 달러, 2000년에 1,723억 달러, 그리고 2010년에는 4,664억 달러로 20년 사이에 7배 이상의 급격한 성장을 보였다. 우리나라의 무역의존도를 수출액과 수입액의 합계액을 국내 총생산으로 나누어 표시할 때, 2001년에 57.8%에서 2008년에는 92.3%를 기록하였다. 이와 같이 우리나라의 경세성장은 무역에 의존한다고 할 수 있다. 자본조달에 있어서도 우리나라 기업들은 해외자본시장을 이용하거나 외국자본의 국내투자를 적극 활용하고 있다.

우리나라는 1997년 말 외환위기와 함께 자유변동환율제도를 채택하였고 이후 자본시장의 개방과 외환거래 자유화에 따라 환율의 변동성은 지속적으로 증가하였다. 자유변동환율제도에서 환율은 외환시장에서 외환의 수요와 공급에 의해 자율적으로 결정된다. 1997년 외환위기에 이어 2008년 글로벌 금융위기 이후 환위험에 대한 노출정도가 사업에 미치는 영향이 점점 더 상승하자 기업들은 환위험관리의 중요성을 인식하고 파생상품을 이용한 관리방법을 활용하였다. 2002년 이후 원/달러 환율 하락세 지속에 따른 적극적인 환위험 헤지전략 이용으로, 우리나라 기업의 선물환 순매도는 2003년 156억 달러에서 2007년 718억 달러로 크게 증가하기도 하였다.

외화환산위험(foreign exchange risk)은 환율의 변동으로 인해 기업의 재무제표에 나타나는 금융상품의 공정가치나 미래현금흐름이 변동할 위험으로 거래환위험과 환산환위험을 말한다. 외화환산위험은 재무제표상 외화항목의 환율변동으로 인한 외환손익으로서 당기손익에 반영된다. 외화환산위험은 환노출의 크기와 환율변동성에 의해 결정되며 재무상태표상 화폐성 외화자산과 화폐성 외화부채의 합의 크기에 노출된 정도를 말한다. 회계상 거래환위험은 실현된 외환차손익이며, 환산환위험은 미실현된 외화환산손익이다.

외환차손익과 외화환산손익은 모두 화폐성항목에서만 발생한다. 화폐성 항목은 그 회수액 또는 지급액이 일정한 화폐액으로 확정되어 있어 화폐가치변동의 영향을 받는다. 이러한 외화자산과 외화부채 및 외환손익은 모두 상계하지 않고 총액으로 표시한다. 환노출은 기업에 의해 통제될 수 있으나 환율변동은 통제되지 않는다. 따라서 기업은 환노출에 대한 관리를 중요시 한다.

환위험에 대응되는 환율변동위험에 노출된 규모는 거래환노출과 환산환노출로 구분된다. 거래환노출은 일정기간의 외화현금흐름의 차이로서 거래가 발생하고 결제되기까지의 환율변동으로 인해 발생한다. 환산환노출은 일정시점의 외환자산과 부채의 규모 차이로 회계에서 장부상 외화자산과 부채의 환산이나 기능통화 재무상태표를 보고통화로 환산하여 재작성하기 위해 환산함에 따라 발생한다.

외화환산위험의 결과는 환율변동으로 인한 외환손

익이 당기 손익에 반영된다. 기업의 환위험에 대한 노출 정도가 클수록 그리고 환율변동성이 클수록 기업의 환위험은 더욱 커질 것이고 이로 인한 외환손익 및 이익의 변동성과 불확실성은 증가할 것이다. 파생상품을 이용한 환위험관리는 이러한 외환손익 및 이익의 변동성과 불확실성을 감소시키기 위해 활용한다. 따라서 회계적 환위험관리는 환율변동으로 인한 외환손익이 당기손익에 미치는 영향을 최소화하기 위해 파생상품을 사용하는 것을 말한다. 이는 선물환, 통화선물, 통화옵션, 통화스왑 등 통화파생상품을 말한다.

금융감독원은 2001년 4월부터 금융회사를 통해 우회적인 방법으로 기업 외환리스크 관리제도를 실시하고 있다. 이 제도 하에서 은행은 거래기업의 외환리스크 관리상태를 평가하여 이를 여신심사 등에 반영하고 있다. 외환리스크 평가 항목 중 계량지표에는 외환차손익 비율, 매매목적 파생상품거래 보유비율 등이 포함되어 있다. 금융감독원은 금융회사가 기업의 외환리스크 관리현황을 적절히 관리하고 있는지를 검사하여 은행의 경영실태평가시 비계량지표에 반영한다. 이는 기업전반의 환위험관리 의식을 고취하여 일시적 대규모 외환손실충격의 가능성을 예방하고자 하는 정부의 간접적인 관리방식이다.

개별 회계정보이용자로서는 정보이용 용도와 목적에 따라 기업의 환노출의 내용과 수준, 환위험관리전략과 구체적인 목표, 위험회피거래의 종류와 규모 등과 관련한 정보와 함께 회계처리방식에 대한 이해와 지식을 필요로 할 것이다.

31

기본 재무제표 중 현금흐름표의 중요성에 대하여…

2017년 5월

마이크로소프트 창업자인 빌 게이트회장은 2007년 국제전자제품박람회(CES)의 기조연설에서 모뉴엘이라는 회사를 주목하라고 언급하였다. 우리나라 중소기업청도 모뉴엘을 '히든 챔피언'이라고 칭찬하였다. 2013년 말 매출액이 5년 만에 17배 증가하여 1조 원 이상을 달성하고 CES에서 최고혁신상을 수상한 모뉴엘은 2014년 가을 큰 규모의 회계부정, 금융사기, 대표의 횡령 등을 저질러 온 것이 밝혀져 채권자를 비롯한 외부정보이용자들에게 큰 충격을 주었다.

모뉴엘은 2008~2013년 시장거래가 없는 홈씨어터 컴퓨터(HTPC)를 한국에서 수출한 후 다시 수입하는 방식으로 가공의 매출을 일으켜 6,000억 원대 분식회계를 하였다. 자회사인 잘만테크도 부품을 고가로 수출한 것처럼 매출로 계상하는 등 회계장부를 조작하였다. 또한 무역보험공사의 보증을 받아 은행대출을 받았고, 이로 인해 금융회사들이 수천억 원대의 손실을 입게 되었다.

관세청조사결과에 의하면 모뉴엘의 2013년도 매출액 1조 2,737억 원 중 1조 원 이상이 금융권에 허위로 수출한 채권을 매각한 금액이었다고 한다. 폐기 처분되어 실제 가격이 8,000원 정도의 PC 케이스를 250만 원에 120만대 이상 수출한 것처럼 꾸몄던 것을 몰랐던 한국무역보험공사는 3,265억 원 정도의 대출보증을 섰고 6년간 모뉴엘이 은행에서 빌린 돈은 무려 3조 2,000억 원에 달했다고 한다(최성호 등 2017). 무역보험공사의 보증보험과 무역심사기능에 문제가 있었다고 할 수 있다.

모뉴엘은 위탁생산을 통해 제조·판매하였기 때문에 많은 자금이 필요하지 않았음에도 불구하고 매출채권을 중도에 매각(매출채권 팩토링)하여 현금화하였다. 이러한 모뉴엘의 매출채권 팩토링이 일반적인 상황이 아님에도 대출은행이나 이를 보증한 한국무역보험공사에서는 문제 삼지 않았으며 재무제표에 거액의 채무가 발생하였는데도 외부감사시 적발되지 않았다. 재무상태표에도 매출채권과 재고자산금액이 급증하였는데도 내부통제기능이 제대로 작동하지 않았다. 경영자, 실무책임자, 무역보험공사, 그리고 감사인 모두가 방조한 총체적 비리이었다.

만일에 금융권에서 모뉴엘의 재무제표를 자세히 읽었다면 비정상적인 거래로 인한 특이사항들을 파악할 수 있었지 않았을까? 그리고 금융권이 기본과 원칙에 충실하였다면 대출 심사를 할 때 단기 채무를 상환할 능력이 있었는지 의심해보지 않았을까?

모뉴엘의 손익계산서상의 2013년 매출액은 1조 2,737억 원, 영업이익은 1,104억 원, 순이익은 602억 원으로 매우 좋았다. 그러나 현금흐름표의 영업활동을 통한 현금은 오히려 15억 원 적자여서 영업활동으로 현금이 들어오는 것이 아니고 오히려 나가는 것이었다. 영업현금으로는 이자비용도 감당하기 어려웠다. 아무리 매출액이 크고 이익이 나도 현금이 없으면 회사는 흑자부도가 날 수 있다. 회사가 제대로 돌아가려면 영업을 해서 받을 돈이 들어와야 한다.

당기순이익은 영업현금흐름과 발생액의 합이다. 발생액의 비중이 높으면 이익의 질이 떨어진다고 한다. 영업현금흐름이 거의 없다면 이익은 발생액으로 이루어진 것이다. 모뉴엘의 발생액은 매출채권과 재고자산이 증가하여 발생하였다. 이는 해외 법인 간 가공거래로 발생한 채권과 해외 현지법인을 통해 몇 번 돌려 수출했던 물건을 다시 한국으로 재수입한 재고자산이 누적되어 생긴 것이었다. 매출액 대비 총 매출채권(매출채권 매각액 포함)은 90%를 넘었다. 매출액 증가율에 비해 재고자산 증가율도 2배 이상 높았다.

또한 단기차입금 1,800억 원을 상환하기 위해 새로 2,000억 원을 금융권에서 차입한 것도 자금 융통에 문제가 있었음을 시사하였다. 이는 신규로 차입한 자금으로 기존의 차입금을 상환하는 돌려 막기였다. 1년 이내 현금이 될 수 있는 당좌자산이 1,000억 원인데 갚아야 할 현금은 1,400억 원인 것도 모뉴엘의 유동성이 심각한 수준이었음을 나타냈다.

만기 미도래 매출채권 매각액과 수출환어음 잔액은 실질적으로는 차입금의 성격을 갖지만 우발부채로 분류되어 주석에 공시되었다. 이들을 차입금에 가산하여 조정한 차입급은 조정하기 전 차입금에 비해 7배 이상 증가하였다. 자산총액이 3,400억 원인데 유형자산은 485억 원에 불과했다. 대부분의 유형자산도 부동산이고 그 중에서 실제 시설장치는 17억 원에 불과했다. 이 정도의 설비를 가지고 영업을 하면서 1조 원대의 매출을 달성한다는 것은 비정상적이었다.

이와같이 모뉴엘의 재무제표 특히 현금흐름표를 꼼꼼하게 들여다 보았다면 매우 열악한 구조임을 파악할 수 있었을 것이다. 아무리 허위 자료를 가지고 가공의 매출과 재고를 조작해도 재무제표를 자세히 들여다 보았다면 특이 사항들을 발견할 수 있었을 것으로 본다. 하지만 기업의 내부통제시스템, 외부감사 그리고 감독기관 및 금융기관 모두 분식회계를 방조하였으며 도덕적 해이가 심각한 사기사건이었다. 앞으로 모뉴엘 사례를 거울삼아 기업의 내부통제기능과 외부의 감독 및 검증기능을 더욱 강화해서 투자자와 채권자를 보호해야 한다. 특히 무역보험공사의 보증보험과 무역심사기능을 강화할 필요가 있다.

32

투자지분율에 따른 다양한 회계처리 및 재무제표

2017년 12월

투자지분에 따른 회계처리 및 투자기업이 작성해야 하는 재무제표는 투자기업이 취득하는 피투자기업의 지분에 따라 다르다. 투자기업이 피투자기업의 지분 중 20% 미만을 취득하는 경우 투자기업은 개별재무제표를 작성하며 피투자기업 투자주식은 금융자산에 해당되므로 K-IFRS 제1109호(금융상품)에 따라 공정가치법을 적용한다.

금융상품은 거래당사자에게 금융자산을 발생시키고 동시에 다른 거래상대방에게는 금융부채나 지분상품을 발생시키는 모든 계약을 말한다. 개별재무제표는 별도재무제표가 아니며 종속기업, 관계기업 또는 공동기업 참여자로서의 투자지분을 소유하지 않은 기업의 재무제표이다.

K-IFRS 제1109호(금융상품)에 의하면 피투자기업 투자주식을 당기손익인식(fair value through profit or loss: FVPL) 금융자산으로 분류하면 후속 공정가치 변동은 당기손익으로 인식한다. 피투자기업 투자주식을 기타포괄손익인식(fair value through other comprehensive income: FVOCI) 금융자산으로 분류하면 후속 공정가치 변동은 기타포괄손익으로 인식하며 후속적으로 당기손익으로 재분류하지 않는다. 단, 기타포괄손익인식 금융부채는 후속적으로 당기손익으로 재분류한다.

투자기업이 피투자기업의 지분 중 20% 이상을 취득할 경우 피투자기업에 대해서 유의적인 영향력(significant influence)이 있다고 본다. 유의적인 영향력은 투자자가 피투자기업의 재무정책과 영업정책에 관한 의사결정에 참여할 수 있는 능력으로 본다. 이때 피투자기업을 관계기업(associate)이라고 한다. 또한 투자기업이 공동약정(joint arrangement)의 순자산에 대해서 공동지배력(joint control)을 가지는 경우 공동약정을 공동기업(joint venture)라고 한다. 공동기업은 둘 이상의 당사자가 공동지배의 대상이 되는 경제활동을 수행하기 위해 만든 계약상 약정을 말한다. K-IFRS 제1028호(관계기업과 공동기업에 대한 투자)에서는 관계기업투자와 공동기업투자에 대해서 지분법을 적용하며 개별(지분법적용)재무제표를 작성한다. 개별재무제표 외에 추가로 별도재무제표의 작성이 가능하다. 한편, 지분법 적용이 면제되는 경우, 투자기업은 별도재무제표만 작성한다.

한국채택국제회계기준(K-IFRS) 제1027호(별도재무제표)에서는 별도재무제표(separate financial statements)는 투자자(투자기업)이 피투자자(피투자기업)인 종속기업, 공동기업 및 관계기업에 대한 투자를 원가법, K-IFRS 제1109호(금융상품)에 따른 방법 및 K-IFRS 제1028호(관계기업과 공동기업에 대한 투자)에서 규정하고 있는 지분법 중 어느 하나를 적용하여 표시한 재무제표로 정의한다.

투자기업이 피투자기업의 지분중 50%를 초과·취득하여 지배력을 획득하는 경우, 피투자기업은 종속기업이 되며 종속기업투자를 보유하는 지배기업은 주재무제표인 연결재무제표(consolidated financial statements)

를 작성한다. 연결재무제표는 지배기업과 종속기업을 하나의 경제실체로 보고 각각의 재무제표를 결합하여 작성한다. 이때 지배기업은 종속기업에 대해 지배력을 가진다. K-IFRS 제1110호(연결재무제표)는 투자자가 피투자자에 대한 관여로 변동이익에 노출되거나 변동이익에 대한 권리가 있고, 피투자자에 대하여 자신의 힘으로 그러한 이익에 영향을 미칠 능력이 있을 경우 피투자자를 지배한다고 한다. 따라서 의결권의 과반수가 있다는 것만으로 또는 위험과 효익에 대한 노출이 있다는 것만으로는 지배력이 있다고 할 수 없다. 변동이익은 위험과 보상에 대한 노출을 말한다. 연결재무제표에 종속기업투자는 표시되지 않는다. 그 이유는 연결재무제표 작성과정에서 종속기업투자주식은 종속기업자본과 상계제거되기 때문이다.

지배기업은 〈외부감사에 관한 법률〉에 따라 별도재무제표를 추가로 작성해야 하며 별도재무제표에 보고되는 종속기업투자주식에 대해 원가법, 공정가치법 또는 지분법 중 하나를 선택하여 적용한다. 별도재무제표에서 지분법을 적용하면 연결로 얻을 수 있는 정보와 유사한 정보를 제공하기에 정보제공의 측면에서는 목적적합하지 않을 수 있다. 그러나 국가에 따라서는 별도재무제표에서 지분법 적용을 법규로 요구하기도 한다. 따라서 별도재무제표에 대한 IFRS와 각국 회계기준 간의 정합성을 확보하고 정보의 손실 없이 원가를 절감할 수 있도록 별도재무제표에서 지분법도 허용한다.

연결이 면제되거나 지분법 적용이 면제되는 경우 그 기업의 유일한 재무제표로서 별도재무제표만을 재무제표로 작성한다. 그 별도재무제표에 표시되는 관계기업투자 및 공동기업투자에 대해서는 원가법과 공정가치법 중 하나를 선택·적용한다. 별도재무제표는 투자주식의 각 범주별로 동일한 회계처리방법을 적용해야 한다.

금융자산을 재무제표상 어떻게 분류하여 표시하는가에 따라 당기손익, 기타포괄손익, 부채비율 등과 같은 재무정보에 미치는 영향은 크게 달라진다. 따라서 회계정보이용자는 금융자산인 투자지분에 대한 회계처리를 정확하게 이해해야 할 필요가 있다.

33

매출채권의 기대신용손실법에 관한 이해

2018년 5월

한국채택국제회계기준(K-IFRS) 제1032호에서는 금융상품을 거래당사자 일방에게 금융자산을 발생시키고 동시에 다른 거래상대방에게 금융부채나 지분상품을 발생시키는 모든 계약으로 정의한다. 현금, 수취채권, 금융자산 등은 금융상품으로 분류된다. 금융상품 기준서에서 '계약'이란 ①명확한 경제적 결과를 가지고 있고, ②법적 구속력이 있기 때문에 당사자가 그러한 경제적 결과를 자의적으로 회피할 여지가 적은 둘 이상의 당사자간 합의를 말한다. 금융상품을 포함하여 계약은 다양한 형태로 존재할 수 있으며, 반드시 서류로 작성되어야만 하는 것은 아니다. 계약에 의하지 않은 부채나 자산은 금융부채나 금융자산이 아니다. 금융자산은 크게 현금, 채무상품 및 지분상품으로 분류된다.

금융상품 중에서 수취채권은 상품의 판매 등 외상으로 거래시 현금을 수취할 수 있는 계약상 권리로서 기업의 경영활동과정에서 발생한다. 매출채권은 상품 또는 제품의 판매나 용역의 제공 등 기업의 주된 영업활동에서 발생하는 채권을 말하며 일반적인 외상거래채권인 외상매출금과 어음을 수취하는 경우의 받을어음을 포함한다.

매출채권이 발생한 후 거래 상대방의 경영상태의 악화 등의 이유로 매출채권의 회수가능성이 낮아지는 경우 매출채권 잔액이 실제 미래의 회수가능액을 반영하지 못할 수 있다. 따라서 해당 매출채권에서 발생할 것으로 예상되는 대손가능금액을 추정하여 대손충당금(손실충당금)을 설정하고 관련비용을 대손상각비(매출채권손상차손)로 인식한다.

대손을 회계처리하는 방법은 매출채권으로 인한 수익과 비용을 동일연도에 반영함으로써 수익·비용대응을 이루고, 재무상태표상의 매출채권을 회수가능금액으로 표시함으로써 매출채권의 과대평가를 방지한다. 이러한 방법은 추정된 미래의 대손예상액만큼 정확하게 대손이 발생하지는 않지만 부정확한 금액이라도 전혀 대손예상액을 추정하지 않는 회계처리보다는 상대적으로 정확한 기간비용을 계산하여 표시할 수 있다. 재무상태표에도 상대적으로 정확한 매출채권의 회수가능예상액을 표시할 수 있다. 따라서 손실충당금을 예측하고 매출채권손상차손을 기록하여 당기의 매출액과 그 매출액을 회수하는 과정에서 발생한 비용을 서로 동일기간에 대응할 수 있는 것이다. 그러나 기말에 대손가능금액을 주관적으로 추정하는 문제점이 있다.

2018년 1월 1일부터 적용되는 K-IFRS 1109호는 매출채권에 대한 손실충당금은 기대신용손실법으로 추정한다. 기대신용손실법(expected credit loss model)은 결산일에 보유중인 매출채권 잔액에 대해서 미래 기간 동안 채무불이행으로 인해 예상되는 손실금액을 계산하여 이 금액을 현재가치로 평가한 금액을 대손충당금으로 설정하는 방법이다. 회사는 거래처별로 채권을 회수하지 못하여 발생할 손실금액, 채무불이행이 발생할 위험을 고려한 확률, 그리고 대손 이후에 회수가 예상되는 금액 등을 종합적으로 이용하여 기대신용손실을 계산해야한다. 따라서 회사가 과거에 발생했던 대손만큼 미래에도 대손이 발생할 것으로 예상하고 손실충당금을 인식하는 것은 허용되지 않는다. 다만 기대신용손실법은 미래의 기대신용손실을 추정하는 과정에서 과거의 경험인 매출채권잔액비율법이나 연령분석법을 보충적으로 사용할 수 있다.

연령분석법은 기대신용손실을 측정할 때 매출채권을 인식한 시점부터 경과된 기간 또는 연체기간을 기준으로 몇 개의 집단으로 나누고 각 집단 별로 다른 손실예상률을 곱하여 계산하는 방법이다. 기준서 제1109호에서는 이를 충당금 설정률표라고 한다.

기대신용손실은 신용위험의 유의적인 증가 여부에 따라 12개월 기대신용손실 또는 전체기간 기대신용손실을 각각 손실충당금으로 측정한다. 그러나 매출채권, 계약자산 및 리스채권에는 항상 전체기간 기대신용손실에 해당하는 금액으로 손실충당금을 측정하는 회계정책을 선택한다.

기대신용손실은 손실충당금으로 인식하고 매출채

권에서 조정하여 표시하고 매출채권손상차손의 과목으로 하여 당기손익으로 인식한다. 추정된 기대손실의 현재가치가 기말대손충당금 잔액이 되도록 기말에 대손충당금을 추가로 적립하거나 환입한다. 전기 이전에 인식한 손실충당금이 있는 경우에는 당기 말 손실충당금과의 차액을 매출채권손상차손 또는 매출채권손상차손환입으로 인식한다. 손상충당금환입은 판매관리비에서 차감한다.

한편, 매출채권의 신용손상이 확정된 경우에는 매출채권을 제각하고 손실충당금과 우선 상계하며, 손실충당금 잔액이 부족한 경우에는 부족액을 매출채권손상차손으로 인식한다. 매출채권은 채무상품이며 일반적으로 상각후원가측정금융자산으로 분류되므로 손실충당금 계정을 사용한다. 손실충당금과 매출채권손상차손 대신 기존에 사용한 대손충당금과 대손상각비라는 계정과목을 각각 사용해도 된다. 신용손상이 확정되어 제각된 매출채권이 후속적으로 회수되는 경우 동 회수액은 손실충당금 계정에 대기한다.

기업은 매출채권의 미래 회수가능액을 재무제표에 정확하게 표시하는 것이 중요하다. 은행 또한 고객들이 원금을 지불하지 않아 회수하지 못하는 경우 대손되는 대출금이 많아지므로 대출심사를 까다롭게 한다. 이러한 부실대출은 해당기업의 가치하락을 불러오기도 한다. 따라서 회계정보이용자는 은행과 기업이 각각 기대신용손실에 대한 손실충당금을 적절하게 쌓아서 매출채권 또는 대출금의 회수가능액을 정확하게 보고하는지를 이해하는 것이 중요하다.

34

내부회계관리제도의 주요 변화에 관하여…

2018년 8월

회계정보는 회계정보이용자가 기업실체와 관련하여 합리적인 의사결정을 할 수 있도록 신뢰할 수 있는 회계정보의 작성과 공시가 되어야 한다. 1997년 말 촉발된 외환위기는 회계정보의 중요성을 사회적으로 인식하는 계기가 되었고, 회계투명성 확보를 위한 회계개혁을 추진하는 출발점이 되었다. 이러한 개혁의 일환으로 기업회계기준과 회계감사기준의 제·개정이 이루어졌고, 기업의 경영투명성 확보를 위해 감사위원회가 도입되었다. 특히, 회계정보의 투명성 제고를 위해 감사인의 주기적 교체제도, 회계법인의 컨설팅업무 제한, 내부회계관리제도의 법제화 등이 추진되었다.

미국은 2001년 엔론, 타이코, 월드컴 등에서 대규모 회계부정사건 이후, 회계투명성을 확보하기 위한 제도적 장치를 마련하기 위해 2002년 내부통제제도인 Sarbanes-Oxley Act(SOX)를 제정하였다. SOX 제404조는 경영자가 재무보고를 위한 내부회계관리제도를 구축하고 운영하는 책임을 가지며, 감사인은 경영자가 작성한 내부통제 보고서에 대한 감사를 수행하여야 한다.

우리나라에서도 1997년 외환위기 이후 기업구조조정촉진법에서 내부회계관리제도를 한시적으로 도입한 후 2003년 외감법에 의해 영구 법제화되었다. 외감법상 2004년 4월 1일 이후 개시하는 사업연도부터 감사보고서에 감사인의 내부회계관리제도 검토의견이 첨부되어 공시되고 있다.

내부회계관리제도는 재무제표 감사와 함께 재무제표의 신뢰성을 제고하기 위한 일련의 과정이다. 내부회계관리제도 설계 및 운영에 관한 개념체계에 따르면, '내부회계관리제도는 회사의 재무제표가 일반적으로 인정되는 회계처리기준에 따라 작성·공시되었는지에 대한 합리적 확신을 제공하기 위해 설계·운용되는 내부통제제도 일부분으로서 회사의 경영진과 이사회를 포함한 모든 구성원들에 의해 지속적으로 실행되는 과정을 의미한다'라고 정의된다.

내부회계관리제도는 국내 기업의 효과적인 내부통제장치로서 지배구조 개선, 회계투명성 제고 및 기업가치 증가 등 기업에 긍정적인 영향을 미칠 것이다. 내부회계관리제도가 효과적으로 설계·운영되는 기업은 재무제표가 일반적으로 인정되는 회계처리기준에 따라 작성·공시되었는지 여부에 대한 합리적 확신을 제공하게 되어 회계정보의 품질을 향상시킬 것이다.

내부회계관리제도가 효과적으로 운영되지 않을 경우 내부통제 기능 및 감독의 약화로 인해 회계부정과 오류가 발생할 가능성이 커짐에 따라 재무제표의 신뢰성이 저하되고 기업의 위험이 증가할 것이다. 따라서 회계정보의 신뢰성을 확보하기 위해서는 무엇보다도 내부회계관리제도의 효과적인 설계 및 운영이 전제되어야 한다.

현행 외감법에서 규정하고 있는 내부회계관리제도에 따라 회사는 신뢰할 수 있는 회계정보의 작성과 공시를 위하여 내부회계관리규정과 이를 관리·운용하는 조직을 갖춰야 하고 회사의 대표자가 내부회계관리제도의 관리·운용을 책임지며, 이를 담당하는 상근이사 1명을 내부회계관리자로 지정해야 한다. 회사의 감사는 내부회계관리제도의 운용실태를 평가해 이사회에 사업연도마다 보고해야 하며 감사인은 회계감사를 실시할 때 해당 회사가 관련 규정을 준수했는지 여부 및 내부회계관리제도의 운영실태에 관한 보고내용을 검토해야 한다.

재무제표의 외부감사 대상이 되는 기업들은 내부회계관리제도 관련 사항의 준수 여부 및 내부회계관리제도의 운영실태에 관한 보고내용을 검토하여야 하며, 검토결과에 대한 종합의견을 감사보고서에 표명해야 한다.

원래 기업구조조정촉진법의 규정에서는 내부회계관리제도에 대한 중요한 취약점이 발견되는 경우에만 보고하였다. 반면 외감법에서의 내부회계관리제도는 중요한 취약점 유무와 관계없이 내부회계관리제도에 대한 검토보고서를 감사보고서에 첨부하도록 강제화하였다. 그러나 미국과 달리 우리나라는 감사인의 내부회계관리제도 검토의견에 대한 법적 책임을 감사의견보다 낮게 규정하였다.

그러나 최근 국내에서 발생한 대우조선해양사건은 투자자의 자본시장에 대한 신뢰를 더욱 약화시켰다. 대우조선해양사건의 경우 금융당국에서 해당 기업에 대한 규제뿐만 아니라, 해당 기업을 감사한 감사인의 구속 및 회계법인의 신규 수임을 1년간 금지하는 등 중징계를 취하였다. 이를 계기로 기업의 회계투명성과 신뢰성 제고를 위해 외감법 전부개정안이 도입되었다.

개정된 외감법에서는 2019년부터 기업 규모에 따라 기업의 내부회계운영관리 실태를 회사의 대표이사가 직접 주주총회에 보고하도록 의무화했으며 상장회사에 대해서는 외부감사인의 인증수준을 현행 '검토수준'에서 '감사수준'으로 강화하였다. 또한 개정된 외감법은 2023년부터는 모든 상장 기업에 적용될 예정이다.

이러한 변화는 회사의 대표이사가 직접 내부회계의 운영관리실태를 주주총회에 보고하게 함으로써 대표이사의 내부회계운용관리 책임을 강화하여 내부정보환경의 질을 높이고자 하는 것이다. 내부정보환경의 질이 높다는 것은 조직 내에서 발생하는 정보를 정확하고 신속하게 집계하여 의사결정 과정에 유용하게 사용할 수 있음을 의미한다. 현재 내부회계관리제도 모범규준도 개정이 진행 중이며 감독당국은 내부회계관리제도 운영에 대한 감독도 적극 강화할 것으로 예상된다.

이와 같이 상장폐지 실질심사제 및 집단소송제 등 소송위험이 현실화되고 있는 시점에서 회사는 경영진에 의한 회계 검토와 관련한 상세 통제, 경영진의 검토에 사용되는 자료의 작성과 관련한 통제, 전산시스템 통제 등이 제대로 이루어지고 있는지 파악하는 것이 중요하다. 또한 재무제표 작성과 관련된 위험을 제대로 식별할 수 있도록 내부통제가 설계되어 있고 또 효과적으로 운용되고 있는지 등도 강조해야 할 것이다. 앞으로 회사는 새로운 모범규준에 맞추어 변경내용을 반영해서 내부회계관리제도를 잘 재정비해서 회계정보의 투명성과 신뢰성을 더욱 확보해야 한다고 본다.

35

핵심감사제와 회계절벽현상에 관하여…

2019년 2월

스위스 국제경영개발원의 평가보고서에 의하면 2013년 우리나라의 회계투명성은 59개 국가들 중 58위로 평가되었다. 또한 대우건설, 모뉴엘, 대우조선해양 등의 기업에서 대형 회계부정사건이 발생하면서 국내기업의 회계투명성 향상을 위한 노력의 필요성이 제기되었다.

기존 감사보고서는 감사과정과 그에 따른 감사인의 의견 등에 대한 설명이 미흡하여 감사보고서에 대한 이해관계자들의 요구나 기대를 충족시키지 못한다는 비판을 받아왔다. 이에 따라 회계부정 및 부실감사의 재발방지 및 회계투명성을 향상시키고 감사보고서에 대한 정보이용자의 이해증대, 감사인의 책임강화를 위해 2017년 12월 국내 회계감사기준이 개정되었다.

개정된 회계감사기준은 핵심감사제를 상장사에 전면 도입하고, 상장사 감사인의 업무수행이사 성명을 기재하고, 계속기업 가정의 적절성에 대한 공시내용 평가를 강화하고, 감사의견의 전반부 배치 등의 주요내용을 포함하며 2018년 12월 15일 이후 종료하는 보고기간의 재무제표에 대한 감사부터 적용한다. 다만, 핵심사항 기재와 계속기업가정 검토는 자산 2조 원인 상장사의 2018년 감사보고서부터 순차적으로 적용하여 2020년부터 전체 상장사에 적용된다.

개정된 회계감사기준의 배경에는 대우조선해양의 분식회계가 있었다. 대우조선해양은 2015년 1분기 실적으로 매출액 4조 4,860억 원과 영업손실 430억 원을 보고하였으나, 2분기 실적으로 매출액 1조 6,564억 원과 영업손실 3조 399억 원을 보고하였다. 이러한 대우조선해양의 장부상 이익이 일시에 대규모 손실로 전환되어 주가의 급락과 투자자들의 피해를 불러온 현상을 회계절벽이라고 하였다.

그 후, 금융위원회는 수주산업의 회계투명성을 제고

하기 위하여 2016년부터 핵심감사제를 수주산업에 한정적으로 도입하였다. 따라서 감사인은 감사대상기업이 수주산업에 해당하면 핵심감사사항을 보고해오고 있다.

수주산업은 발생원가 기준으로 투입법을 적용하는 계약에 대한 추가 공시의무가 있는 기업을 말한다. 투입법은 진행기준에 따라 수익을 인식할 때 산출물을 제공할 의무를 이행하는 데 예상하는 총투입물 대비 그 의무를 이행하는 데 들어간 실제 투입물을 기준으로 진행률을 측정하는 방법이다.

예를 들어, 공사진행률을 실제발생원가를 총예정원가로 나누어 측정할 경우 총예정원가의 증가를 적절하게 추정하지 못하면 수익은 과대 인식될 수 있다. 총예정원가의 증가를 적시에 반영하지 못할 경우 공사진행률, 공사진행률에 의해 측정되는 공사수익, 공사손익 및 미청구공사금액도 과대평가된다. 과대평가된 수익이 누적되면 특정 시점에 대규모 손실을 인식하게 되는 문제가 발생할 수 있다.

수주산업에서 회계절벽은 수익인식에 사용되는 공사진행률 추정치의 불확실성이 가장 큰 원인이 되며 이러한 추정의 불확실성 및 추정치 변동에 대한 공시부족은 투자자들의 합리적인 의사결정을 저해하며 투자자의 피해를 유발할 수 있다.

이러한 수주산업 핵심감사제는 조선업이나 건설업 등 특정산업에 속하는 기업에 한정되는 것이 아니며 투입법을 적용하는 외감대상 사업보고서 제출대상 기업이 모두 적용대상이다. 2016년 핵심감사사항을 감사보고서에 보고한 기업은 총 상장기업에서 12.5%를 차지하였으며 이 중 종합건설업과 기계, 장비제조업은 35%였으며 서비스업 등 다양한 산업이 분포하였다.

한편, 감사인이 우선적으로 고려해야 할 수주산업 핵심감사사항은 ①투입법에 따른 수익인식 등 기업의 회계정책, ②공사예정원가에 대한 추정의 불확실성, ③산정된 공사진행률의 적절성, ④미청구공사금액 회수가능성에 대한 평가, ⑤공사변경에 따른 회계처리의 적절성이다. 감사인은 재무제표에 관련 내용이 공시된 경우 관련공시에 대하여 언급하여야 하며, 해당 사항이 감사에서 가장 유의적인 사항 중 하나로 고려되어 핵심감사사항으로 결정된 이유와 해당 사항이 감사에서 다루어진 감사절차 및 감사결과를 함께 기재하여야 한다.

앞으로 국내 전체 상장법인에 핵심감사제가 도입되어 감사보고서에 핵심감사사항을 보고할 경우 기업의 핵심적인 회계정보와 위험요인들이 공개되어 부작용이 나타날 수 있으며 핵심감사사항의 작성으로 인한 효과보다 시간과 비용이 더 들어갈 수 있다는 우려의 목소리가 제기되기도 한다. 그럼에도 불구하고 개정된 회계감사기준과 핵심감사제의 도입이 감사보고서의 정보가치를 증대시키고 감사인의 책임성을 강화하는 데 기여하며 이로 인해 기업의 이익의 질이 더욱 향상되기를 기대한다.

36

4차 산업혁명시대에 무형자산의 중요성에 관하여…

2019년 9월

넷마블은 최근 연예인 육성 게임인 'BTS(방탄소년단) 월드'를 출시했다. 이 게임은 출시 20시간 만에 한국 등 세계 51개국 애플엡스토어에서 무료 게임 인기 순위 1위를 기록했다. 현대경제연구원은 JYP, YG, SM엔터테인먼트 3개사의 2018년 평균 PER을 비교하여 방탄소년단의 소속사 빅히트엔터테인먼트(2018년 말 기준 자본금 약 8억 8천만 원)의 기업가치를 1조 2,800억 원~2조 2,800억 원 수준으로 추정하였다. 비슷하게 이익을 버는 기업들이 시장에서 평가받는 주가를 비교해 기업가치를 추정한 것이다. 연예기획사인 빅히트엔터테인먼트(빅히트)의 이러한 평가는 세계무대에서 돌풍을 일으

키며 K팝의 새 역사를 쓰고 있는 아이돌 그룹 방탄소년단 때문이다.

빅히트는 제조회사가 아니므로 공장, 설비나 부동산의 비중이 매우 적고, 수익의 대부분은 방탄소년단의 공연료와 저작권에 의존한다. 방탄소년단의 전속계약금(2018년 말 70억 원에 재계약)은 자동차 회사의 기술 특허처럼 무형자산으로 분류한다. 전속계약금은 방탄소년단이 전속계약 기간(7년) 중 소속사 외에 다른 회사에서 일하지 못하도록 하는 독점적 권리이다. 전속계약금은 기계장치나 공장건물 등 다른 유형자산처럼 전속계약 기간 내에 감가상각(매년 10억 원의 감가상각비인식)한다. 버닝썬 사태에 연루된 빅뱅멤버 승리는 엔터테인먼트회사의 부실자산이다. 승리가 활동을 중단하게 되면 남은 전속 기간에 대한 무형자산의 가치는 '0원'이 되며 이는 손상처리된다. 방탄소년단의 현금창출능력은 빅히트의 기업가치에 크게 기여하고 있다. 2018년 빅히트의 영업이익은 641억 원이다.

무형자산은 게임, 음악, 영화 등과 같이 물리적인 실체는 없지만 법률상의 권리를 식별할 수 있어야 하며 과거 사건의 결과로 현재 통제하고 있어야 하며 그 가치를 신뢰성있게 측정할 수 있어야 하며 미래 경제적 효익이 유입될 가능성이 높은 자산이다. 영국학자 조너선 해스컬과 스티언 위스틀레이크는 '자본없는 자본주의'에서 앞으로 무형자산이 99%를 차지하는 시대가 올 것이라고 한다. 지식과 정보를 기반으로 하는 4차 산업혁명 시대에 유형자산은 큰 의미가 없으며 앞으로는 기업평가의 중심이 무형자산으로 옮겨갈 것이라고 한다. 매년 순이익 신기록을 갈아치우며 승승장구하고 있는 게임업계, 신약개발 성공에 근접했다는 바이오회사들은 주가가 단숨에 몇 배씩 뛰며 화제가 된다. 그러나 기업가치와 재무제표상의 순자산장부가의 차이가 커서 재무제표의 유용성이 떨어진다는 비판과 함께 무형자산의 회계처리를 재무제표에 적극 반영해야 한다는 목소리가 지속해서 높아지고 있다. 100년이 넘도록 크게 변하지 않은 현행회계처리 기준으로는 4차산업혁명 시대의 기업가치를 제대로 반영할 수 없으며 투자자에게 올바른 정보를 제공할 수 없다는 이유 때문이다.

한국 수출입은행 해외경제연구소가 발표한 '한류문화컨텐츠 수출의 경제효과'보고서에 따르면 2018년 문화콘텐츠 수출액은 75억 달러로 1년 전보다 8.8% 늘었고 최근 5년 동안 연평균 9.2% 증가하였다. 2018년 전체 수출액 증가율이 5.4%, 최근 5년 동안 수출의 연평균 증가율이 1.4%라는 점을 감안하면 큰 폭의 성장이다. 미국 스탠더드 앤 푸어스(S&P) 500에 포함된 기업들의 기업가치 대비 무형자산 비중은 1975년 17%에서 2015년 84%로 크게 높아졌다. 이처럼 재무제표상 무형자산의 비중이 중요해지고 있는 반면, 무형자산의 가치는 제대로 반영되지 않고 있다. 2018년 말 기준 매출액 1조 7천억 원의 게임업체인 엔씨소프트의 경우에도 매출 중 게임 '리니지'가 차지하는 비중이 큰 데도 불구하고 무형자산은 약 540억 원에 불과하였다.

최근 한국회계기준원은 게임 '리니지'나 방탄소년단의 경우처럼 재무제표에 반영되지 않는 무형자산의 가치를 제대로 평가할 수 있도록 하기 위해 무형자산 회계처리 기준을 새로이 만들기 위한 연구를 진행하고 있다고 한다. 이는 게임산업, 엔터테인먼트산업과 같은 콘텐츠산업의 기업가치를 제대로 반영할 수 있게 되어 인수합병(M&A) 등의 경우 기업가치를 쉽게 파악할 수 있고 나아가 이들 산업의 경쟁력을 더욱 높일 것으로 기대된다.

37

회계투명성 제고는 일관성 있는 회계정책으로…

2020년 2월

회계는 기업가치와 기업신용을 평가하는 데에 필요한 정보를 제공하며 회계정보는 자본시장에서 투자자들이 합리적인 투자의사결정을 내리는 데 도움을 준다. 회계는 기업경영의 언어이며 다양한 이해자 간의 효율적인 소통의 수단이다. 이러한 언어의 표준지침인 국제회계기준(International Financial Reporting Standards: IFRS)을 우리나라는 2011년에 전면 도입하였다. 기업과 시장변화에 따른 우리의 자연스러운 선택이다.

IFRS의 채택은 국가 간 비교가능성과 회계투명성을 향상시켜 코리안 디스카운트를 줄일 것으로 기대한다. IFRS의 도입은 통일된 회계기준을 사용하기에 회계장부를 작성하는 비용절감도 가능하다. 또한 국내와 해외에 대한 투자가 더욱 효율적이고 효과적으로 수행될 수 있다.

그러나 새로운 제도에 대한 반응은 긍정적이기도 하지만 부정적인 영향을 미치기도 한다. 몇 년 전 영업이익 공시가 문제가 된 적이 있다. IFRS는 원칙만을 제시하고 기업의 자의적인 회계처리를 많이 허용하기 때문에 기업자율에 의해 영업이익을 계산하는 대신 주석을 통해 자세히 공시하도록 하였다. 이 점이 예상치 않은 문제를 일으켰다. 과거 영업외수익으로 분류하던 유형자산처분이익과 배당금수익 등을 영업이익에 포함하면서 전년 동기보다 영업이익이 몇 백% 증가하는 기업들이 발생하였다. 이들 중 절반은 영업이익 항목을 회사가 임의로 정할 수 있는 새로운 회계제도를 이용해서 흑자전환이 가능하였다.

금융감독원은 2012년 7월 회계기준원을 통해 영업이익을 2011년부터 표시하도록 의무화했고 영업이익은 매출액에서 매출원가와 판매관리비를 차감한 것으로 판매관리비의 세부항목들을 열거하였다.

우리나라 코스닥 제약·바이오(바이오)기업들이 외국

에 비해 연구개발비 중 개발비를 과다하게 무형자산으로 인식한다는 비판이 일고 2018년 금융감독원이 테마감리에 들어가자 기업들이 스스로 무형자산으로 계산하던 개발비 비용인식을 늘리기 시작하였다. 메디포스트는 기존 연구개발비용이 두 배 이상으로 늘어났다. 차바이오텍은 과소계상된 연구개발비를 수정한다고 발표했다. 그러나 셀트리온과 씨젠 등은 2017년 전체 연구개발비 2268억 원의 74.4%를 무형자산으로 처리하였는데 계속 IFRS의 개발비 무형자산 인식기준을 충족하고 있다고 밝혔다.

개발비의 무형자산회계처리는 기술개발에 적극적인 바이오기업들의 연구개발활동을 위축시키고, 기술개발경쟁력을 약화시킬 것이라는 비판과 함께 당기에 지출한 연구개발비를 비용으로 인식할 경우 순이익이 급감하게 되고, 이로 인해 연구개발활동을 위한 자본조달이 어려워질 것이라고 하였다. 또한 순이익이 감소하는 것을 원하지 않는 기업들은 원래 계획하였던 연구개발활동을 취소할 수도 있을 것이고, 이는 바이오산업의 위축과 기술개발 및 경제성장의 둔화를 초래할 것이라고 주장하였다. 특히 신약개발 같은 분야는 무형자산의 수익창출 가능성에 대한 주관적 해석으로 인해 논란이 크게 일었다.

이를 해결하기 위해 2018년 9월 금융당국은 '제약·바이오 기업의 연구개발비 회계처리 관련 감독지침'을 발표하고 약품의 유형에 따라 언제부터 '자산'으로 볼 수 있는지를 규정하였다. 그 중 신약은 임상 3상 개시 승인시점부터 그리고 바이오 시밀러 제품은 임상 1상 개시 승인시점부터 자산화가 가능해졌다.

금융당국은 새로운 회계기준을 제정하거나 새로운 회계정보의 공시를 기업들에게 요구할 때 회계정보가 투자자들의 의사결정에 미칠 영향을 고려한다. 금융당국이 어떻게 회계처리하는가에 따라 회계투명성은 크게 영향을 받게 된다. 과거 우리나라는 회계적 이슈와 관련하여 선택적 회계처리 방법을 혼합하여 사용한 경우가 있었다. 주식의 시가평가와 관련하여 평가손실의 일부만을 당기손실로 인식하도록 허용한 것이 그 예이다. 선택적 회계처리를 혼합절충하여 사용하게 되면 원칙성과 일관성을 잃게 되어 회계투명성이 의심받게 된다.

상황은 언제나 변하기 마련이다. 이러한 변화에 따라

새로운 제도를 채택하고 끊임없이 수정하는 과정을 거듭하면서 제도는 발전하는 것이다. 금융당국은 큰 방향과 디테일의 균형을 유지하면서 새로운 제도의 선택이 어떠한 장단기 영향을 미칠지에 대한 신중한 판단과 함께 논리가 뒷받침되는 일관성있는 회계정책을 채택해야 할 것이다. 이는 우리나라 회계투명성의 제고에 도움이 된다.

38

유형자산 재평가모형의 배경에 관하여…

2020년 6월

IFRS(International Financial Reporting Standards, 국제회계기준)는 목적적합성을 더 강조하며 주식의 공정한 가치를 재무상태표에 표시하려는 견해를 지지한다. 유형자산의 경우 원가모형과 재평가모형 중 하나를 회계정책으로 선택하여 유형자산의 분류별로 동일하게 적용하도록 규정하고 있다. 원가모형은 유형자산을 기말에 취득원가에서 감가상각을 차감한 장부금액으로 보고하는 것을 말하며 재평가모형이란 유형자산을 최초 인식한 후에 공정가치를 신뢰성있게 측정할 수 있는 유형자산에 대하여 재평가일의 공정가치로 측정하는 것을 말한다. 재평가는 보고기간 말에 자산의 장부금액이 공정가치와 중요하게 차이가 나지 않도록 주기적으로 수행하여야 하며 매 보고기간말에 반드시 재평가하는 것은 아니다.

국내 상장사들의 대부분은 주로 재무구조를 개선하려는 목적으로 자산재평가를 하지만 그 이면에는 주주가치 제고, 경영권 방어 등 다양한 목적으로 진행하기도 한다. 2019년 금융감독원 전자공시시스템에 따르면 코스닥 상장사인 그랜드백화점은 보유 중인 토지 자산재평가로 인해 415억 원 가량의 재평가 차액이 발생하였으며, 이에 따라 이연법인세를 제외하고 323억 원의 재평가잉여금이 증가하여 자본이 늘어나게 되었다고 공시하였다. 그랜드백화점은 유형자산과 투자부동산의 합이 시가총액보다 높은 대표적인 자산주인데 그동안 주주들의 지속적인 요구에 따라 자산재평가를 진행한 것이라고 하였다.

자산재평가를 경영권 방어목적으로 진행하기도 한다. 한진의 2대 주주인 KCGI(Korea Corporate Governance Improvement, 한국기업지배구조개선)는 기업지배구조개선과 경영투명성 증진을 위해 한진에 감사 1인을 추천하였다. 한진그룹 계열사인 한진은 개별 기준 자산이 2조 원을 넘어서면 상법상 상근감사가 아닌 감사위원회를 설치할 수 있었다. 따라서 한진은 KCGI의 경영참여를 무력화하기 위해 자산재평가를 실시하였고 자산을 크게 늘린 결과 KCGI의 요구를 피해갈 수 있었다. 한진은 자산재평가 실시로 인해 재무구조가 크게 개선되었으며 부채비율이 전년보다 39%나 하락하였다고 공시하였다.

자산재평가는 유형자산의 장부금액을 늘리고 부채비율을 줄이지만 동시에 감가상각비도 늘어나게 되어 재무제표상 기업의 당기순이익을 감소시킨다. 또한 상각자산의 경우 감가상각비가 증가함과 동시에 기업의 자산과 자본이 늘어나 자산수익률(ROA · return on assets)이나 자본수익률(ROE · return on equity)에 악영향을 미치게 된다. 자산재평가는 회계장부에 적혀 있는 유형자산의 금액을 공정가치로 보고할 뿐이며 회사의 영업능력이나 생산성이 증가하지 않는다. 회사가 영업을 통해 벌어드리는 현금과 생산이나 마케팅활동에 투입하는 비용이 변하는 것도 아니다. 즉, 기업의 본질적인 가치는 변하지 않는다.

유용한 재무정보가 갖추어야 할 두 가지 특성으로서 목적적합성과 표현의 충실성이 있다. 목적적합성은 회계정보이용자의 의사결정에 도움이 되는 정보를 말하며, 표현의 충실성은 완전하고, 중립적이고, 오류가 포함되지 않은 정보를 말한다. 회계정보가 목적적합성과 표현의 충실성이라는 두가지 특성을 모두 갖추는 것은 쉽지 않다. 유형자산평가에서 원가모형의 사용시 원가는 쉽게 측정할 수 있고 신뢰할 수 있는 정보이므로 표현의 충실성이라는 질적 특성을 만족시킨다. 그러나 취득 후 시간이 많이 지났거나 가치가 변동하는 유형자산인 경우 해당 유형자산의 정확한 시장가치와 장부금액(취득원가에서 감가상각누계액을 차감한 금액) 간에는 차이가 있을 수 있다. 채권투자자나 주식투자자와 같은 회계정보이용자들에게는 해당 유형자산의 장부금액보다는 시가가 기업가치와 더 큰 관련이 있기 때문에 시가가 더 유용한 정보이다. 따라서 원가모형보다는 유형자산의 재평가모형은 목적적합성을 더 잘 만족시킬 수 있다. 거래가 활발한 시장의 경우 시가가 알려져 있지만 활발한 거래가 일어나지 않는 시장의 경우에는 시가를 구하기 어렵고 그 추정치는 왜곡된 수치가 될 수 있다. 따라서 재평가모형은 표현의 충실성이라는 질적 특성을 만족시키지 못한다.

기업이 유형자산 재평가정책을 선택할 경우 재무정보이용자 입장에서 기업이 재평가를 하는 배경을 이해한다면 재평가정보의 목적적합성을 충족한다고 본다.

39

비영리공익법인의 회계투명성에 관하여…

2020년 11월

최근 검찰은 한 비영리시민단체의 회계부실 의혹과 관련해 모 국회의원을 보조금관리법 위반과 사기, 기부금품법 위반, 업무상횡령·배임 등으로 불구속 기소했다. 공익법인 평가기관인 한국가이드스타 분석에 따르면 2019년 12월 기준 의무공시 공익법인 9,663곳 가운데 81%인 7814곳이 평가를 할 수 없는 수준의 불성실공시를 한 것으로 나타났다. 이 중 73%(7081개)가 외부감사대상에서 제외되는 소규모 공익법인으로 회계투명성과 신뢰성에 대한 의문이 제기된다.

비영리공익법인(공익법인)은 기부자들이 기부한 돈을 목적사업에 제대로 사용하는지를 보고하는 수탁책임을 진다. 공익법인은 회계보고양식을 제대로 작성할 역량이 있는 자가 장부와 증빙철을 제대로 구비해서 회계처리하는 등 회계시스템을 구축할 책임이 있다. 공익법인 회계는 고유목적사업의 운용성과를 측정하고, 의결기관의 승인, 감독기관에의 보고 등에 관한 정보를 얻기 위하여 이루어진다. 공익법인의 경우 비수익사업인 고유목적사업만 영위하는 경우도 있고, 수익사업을 같이 영위하는 경우도 있다. 비수익사업과 수익사업을 같이 영위하는 경우 비수익사업인 고유목적사업의 성과를 따로 측정하여야 한다.

법인세법에서는 수익사업에 대하여만 법인세 납세의무를 지므로 과세소득의 적정계산을 위하여 구분경리의 필요성이 인정된다. 비수익사업과 수익사업의 구분경리는 수익과 비용에 관한 사항뿐만 아니라 자산과 부채에 관한 사항도 포함된다. 따라서 공익법인의 재무제표는 비수익사업재무제표, 수익사업 재무제표, 통합재무제표 3가지가 작성된다. 또한 기부금 계정 회계처리와 비수익사업과 수익사업에 대한 자산·부채 등의 전출입 사항 및 수익, 지출 거래 등을 적절히 회계처리한 후, 각 수익사업과 비수익사업의 운영성과와 재무상태를 구분하여 파악하는 것이 중요하다.

회계투명성은 회계기준 등 관련 규정를 잘 준수하며 신뢰성 있는 회계정보를 공시할 때 이루어진다. 공익법인은 기부금을 받아 공익을 위해 사용한다면 정부로부터 지정기부금단체로 인정받아 증여세를 부담하지 않고 기부자는 기부금을 세액공제나 손금산입을 인정받도록 세금으로 간접 지원받고 있기에 기부금이 공익사업을 위해 사용되고 있음을 회계를 통해 투명하게 보여주어야 한다. 또한, 공익법인은 목적사업에 사용될 미래의 비용에 대하여 준비금을 적립하는 경우 일정한 한도 내에서 손금으로 인정해주는 등 세금 감면도 받고 있으므로 공익법인의 본래의 고유목적 대신 엉뚱한 곳에 돈이 쓰이는 것은 아닌지를 가려서 국민 등 이해관계자에게 결산서 등 관련 자료를 자세하게 공시할 의무가 있다. 따라서 수입 및 지출을 의도적으로 회계 장부에서 누락하는 등 회계투명성을 저해하는 회계정보 공시는 아무리 제도가 잘 정비되어 있더라도 신뢰성문제가 발생한다.

내년부터는 외부감사 의무 대상 공익법인 기준이 '자산 100억 원 이상'에서 '수입금 50억 원 이상 또는 기부금 모금액 20억 원 이상'으로 강화된다. 하지만 외부감사 공익법인 기준이 확대된다고 해도 절반 이상은 외부감사 의무에서 자유롭다. 한 비영리시민단체의 지난해 총수입이 13억 6000만 원, 기부금 모금액은 7억 6000만 원이었다. 이와 같이 의무공시법인이지만 외부감사대상이 아닌 공익법인들은 회계 투명성과 신뢰성이 결여될 수 있다.

소규모 공익법인이 제대로 기능하기 위해서는 주무관청의 관리·감독과 처벌을 강화하는 것은 당연한 일이나 효과적이고 실제적인 개선은 공익법인 스스로 내부 회계시스템을 잘 정비하는 등 회계투명성을 높이는 자발적인 노력이 우선해야 한다. 그러나 이러한 노력을 하기 위한 전문능력이 부족한 경우가 대부분이어서 외부회계전문기관의 도움이 필요한 실정이다. 필자가 아는 어떤 비영리법인은 외부감사대상은 아니지만 재능기부의 형태로 외부 회계법인으로부터 외부회계감사를 받고 있다. 이와 같은 자발적인 재능기부형식의 도움은 널리 장려할 만 하고 이를 유도하기 위한 인센티브 제공 방안 등을 고려해 봄직도 하다.

40

비재무적 요소인 ESG평가정보가 대세인 이유

2021년 2월

최근 기후변화와 함께 코로나19와 같은 공중보건문제가 심각하게 대두되면서 ESG 전반에 대한 사회적 관심이 크게 증가하고 있다. 조 바이든 미대통령 당선인은 대통령에 당선되고 나서 가장 먼저 트위터에 그가 대통령으로 취임한 후 77일 안에 파리기후변화협약에 재가입하겠다고 밝혔다. 바이든 공약에 제시된 다양한 정책 중 환경/에너지 정책은 앞으로 4년간 신재생 에너지 중심과 친환경인프라에 2조 달러(약 2천조 원)를 투자하며, 2035년까지 전력 분야 탄소배출량을 제로(0)화하며, 파리협정재가입을 통해 온실가스감축을 이행한다는 것이다. 이러한 미국의 친환경정책에 대한 방향은 전 세계적으로 ESG가 확대되는 데 큰 영향을 미칠 것으로 보인다.

ESG는 Environment(환경), Social(사회책임), Governance(기업지배구조)의 앞 철자를 딴 약자로서 기업의 매출액, 영업이익 등 재무적 성과 외에 친환경 성과창출, 사회적 가치창출, 투명한 기업지배구조 수립 등 기업의 지속성장 가능성에 영향을 주는 비재무적 요소를 성과평가에 반영하는 것을 말한다. 최근 기관투자자들은 물론 시장참여자들 사이에서도 ESG경영이 곧 기업의 경쟁으로 평가되는 분위기가 강해지고 있다. SK그룹은 환경위기와 사회문제해결, 지배구조의 투명성 등을 경영의 핵심에 놓는 ESG경영을 강조하고 있으며 국내기업으로는 처음으로 'RE100'(Renewable Energy: 2050년까지 전력의 100%를 재생에너지로 쓴다는 기업들의 약속)을 공식 선언하였다.

또한 연기금을 비롯한 주요 출자자들이 투자판단 기준으로 ESG 요소를 채택하면서 이에 대한 요구사항도 늘어나고 있다. 미 바이든 행정부 경제팀을 이끄는 실세 그룹의 일원으로 자산 규모 7조 8천억 달러(약 8,530조 원) 세계최대 투자회사 블랙록(BlackRock)의 래

리핑크 회장은 기후와 기업의 지속가능성 위험을 제대로 반영하지 않는 기업에는 투자하지 않겠다고 선언하였다. 테슬라는 태양광발전, 에너지저장장치, 전기차로 이어지는 비즈니스 포트폴리오를 통해 기후변화를 막고 이에 대응하는 데 있어 실질적인 역할을 하고 있다.

ESG 중 'E'(환경)는 탄소배출, 기후변화, 환경오염 등 환경을 말한다. 최근 미국 캘리포니아에서 자주 발생하는 대형 산불은 많은 전문가에 의하면 탄소배출 증가에 따른 온난화현상이 숲을 건조하게 하면서 발생한다고 한다. 또한 여름에 유난히 강도가 높아지는 폭염, 홍수, 태풍 등도 기후변화와 연관될 수도 있다. 따라서 최근 탄소배출을 획기적으로 줄이려고 노력하는 기업들에 대한 투자자들의 관심이 증대하고 있다. 2020년 초 네덜란드공적연금운용공사는 한국전력공사에 투자했던 지분 790억 원어치를 회수했는데 그 이유는 한전이 해외 석탄발전사업에 투자한 것이 환경지표를 중시하는 투자관과 맞지 않는다는 이유였다.

ESG 중 'S'(사회책임)는 고용평등, 지역사회 기여, 제품안전 등에 대한 사회책임을 말한다. 최근 영국의 패스트패션그룹 부후(Boohoo)는 근로자들의 열악한 근

무환경 등으로 인해 낮은 ESG 평가점수를 받았는데 회계법인들이 부후를 감사위험이 높은 기업으로 보았기 때문에 기존 감사계약 종료 후 새로운 회계법인을 찾는 데 어려움을 겪었다고 한다. 한편, 일본은 5년 이내에 상장기업의 여성 임원비율을 10%로 늘리겠다고 한다.

ESG 중 'G'(기업지배구조)는 투명경영, 사업윤리, 부정부패척결 등의 기업지배구조를 말한다. 복스와겐의 경유차 배기가스 데이터조작, 페이스북의 데이터 스캔들과 같은 잘못된 경영을 하는 비윤리적인 기업들은 투자자들로부터 외면당하기도 한다. 이와 같이 투명경영은 기업지배구조의 핵심평가요소이다. 이제 높은 ESG 점수를 받는 기업에 투자하는 것이 새로운 투자대세가 되고 있다. 즉, 자원 재활용 등 환경보호에 앞장서고 사회공헌활동을 하며 법과 윤리를 철저히 준수하는 지배구조를 확립하는 등 뜻이 좋은 기업들을 투자자들이 선호하는 현상이 광범위하게 발생하고 있다. 이에 따라 ESG는 기업의 지속가능성장을 평가하는 중요한 투자평가기준이다.

또한 전 세계적으로 연기금, 금융기관, 그리고 글로

벌 정부차원의 ESG투자규모의 급속한 증대 그리고 밀레니얼, X세대 등 투자주체들의 ESG투자에 대한 관심 증대는 기업들로 하여금 보다 적극적인 ESG관련 활동을 할 것이다. 마이크로소프트와 스타벅스는 탄소배출 제로(0)운동에 이미 동참하고 있다. 기업들이 적극적으로 ESG경영에 동참하고 있는 또 하나의 이유는 '착한' 투자가 과거와 달리 기업실적에도 좋고 장기적으로 투자자의 투자수익률도 좋아지고 또한 기업의 이미지개선에도 좋다는 인식의 확산 때문이다. 최근 BOA(Bank of America) 보고서에 의하면 신용등급이 동일한 기업 중 ESG점수가 높은 기업들의 자본조달비용이 훨씬 더 낮다는 연구결과를 발표하였다.

그러나 아직까지 기업의 ESG를 객관적인 화폐가치로 측정하는 것이 어렵기 때문에 기업간 또는 기업의 기간 간 비교가 어렵다. 또한 상장기업 ESG 평가체계의 일관성 및 신뢰성이 기존 신용평가기관의 신용등급에 비해서 아직까지는 낮다고 할 수 있다. 앞으로 기업과 투자자 등 시장참여자들이 보다 신뢰할 수 있고 기업가치와 손쉽게 연계할 수 있는 일관되고 정교한 측정지표의 개발이 필요하다고 본다.

41

기업들이 기업분할을 하는 이유

2021년 6월

최근 주요 기업들이 기업분할을 통해 구조개편을 하겠다는 발표가 있었다. 증시 주변 개미투자자들 사이에 악재인지 호재인지를 놓고 논란이 뜨거웠다. 기업이 합병이나 분할을 하는 이유는 다양하다. 합병은 주로 기업 간 시너지 효과나 중복비용 절감을 위해 한다. 외환위기 시절 외부충격으로 독자 생존 능력을 잃은 많은 금융기관들이 불가피한 생존전략으로 통폐합하였다. 반대로 기업은 생존과 성장을 위해 분할전략을 택하기도 한다. 최근, LG화학은 베터리사업을 분할하고 SK텔레콤은 사업회사와 투자회사로 분할하는 개편계획을 발표하였다.

기업분할은 외환위기 때인 1998년 말 당시 다급했던 외자도입을 원활히 하기 위해 상법개정을 통해 도입되었다. 부실자산을 배드컴퍼니로 몰아 분할시키고 깨끗이 세탁된 굿컴퍼니에 신규 구제금융을 유치하기 위해서였다. 그 후, 기업분할은 순환출자구조 해소, 투명한 지배구조 및 부실파급 차단을 위한 지주사제도 도입에도 활발히 활용되기도 하였다.

기업분할은 특정 사업부를 떼어내는 것이다. 기업분할에는 물적분할과 인적분할이 있다. 물적분할은 분할회사(모회사)의 특정사업부를 신설회사(자회사)로 만들고, 이에 대한 지분을 100% 소유해 지배권을 행사하는 기업분할이다. 물적분할은 분할회사의 기존 주주들이 신설회사의 지분을 간접·보유하기 때문에 신설회사의 주식을 추가로 부여받지 못한다. 물적분할시 기존 주주들은 주식매수청구권을 행사할 수 없기에 소액주주들이 반대하기도 한다. 또한 모회사는 자회사를 간접보유하므로 자회사가 이익을 많이 낼 경우 그 성장효과가 모회사에 묻히게 되어 자회사 기업가치가 명확히 구분되지 않는 반면, 적자인 경우 자회사에 대한 경영상 책임을 묻기 어렵기도 하다.

LG화학은 전기차 배터리로 대표되는 전지사업부문을 분할하여 신설법인인 「LG에너지솔루션」을 설립한다고 발표하였다. LG화학은 배터리사업에 필요한 연간 3조 원 상당의 설비투자금액을 현재 구조에서 감당하기 어려워 물적분할을 선택하였다고 한다. 물적분할 후 신설회사는 IPO(기업공개)를 통해 자금유치가 가능하다. 또한 분할을 통해 전문 사업분야에 집중할 수 있고, 경영효율성도 한층 증대되어 기업가치 및 주주가치를 한 단계 끌어올릴 수 있을 것이라고 했다. 물적분할을 하면 주주구성과 실체의 변동이 없다. 따라서 회계처리상으로는 모회사는 별도재무제표에 종속투자주식 계정을 보고하고 모회사와 자회사를 연결하는 연결재무제표를 작성하면 된다.

한편, 인적분할은 분할회사 주주들이 지분율대로 신설법인의 주식을 나눠 갖는 방식의 기업분할이다. 주주구성비율이 변하지 않는다. 인적분할 후 신설회사는 독립회사로 곧바로 주식 상장이 가능하며 기존주주들은 분할회사와 신설회사의 주식을 모두 보유할 수 있다. 신설회사 증자시 기존 주주는 지분율대로 주식매수청구권이 행사가능하므로 물적분할에 비해 지분 희

석 우려가 적다. 주주가 보유 중인 자기주식을 신설회사주식으로 교환하면 지배력을 강화할 수 있다. 따라서 지주회사로 전환하는 기업들이 주로 인적분할을 선호하기도 한다. 개정된 공정거래법에 의하면 내년부터 신설지주사는 자회사지분을 30%이상 보유해야 한다. 따라서 SK텔레콤은 자회사 중 하나인 SK하이닉스를 보유하는 중간지주사인 투자회사와 통신사업회사로 올해 안에 인적분할하는 계획을 세우고 있다.

한국채택국제회계기준에 의하면 인적분할시 분할회사는 특정사업부의 분배를 선언한 후 관련 자산·부채를 분배할 의무를 부담하는 시점인 주주총회승인일에 분할신설회사로 이전되는 사업부문의 공정가치를 평가하여 미지급배당금으로 계상한다. 미지급배당금은 분배될 비현금자산의 분배시점의 공정가치로 측정하기 때문에 분할되는 사업부문에 인식되지 않았던 무형자산이나 영업권이 포함되어 공정가치가 결정된다. 분할회사는 인적분할을 통해 분할신설회사로 이전되는 사업부문에 대하여 재무상태표에 별도로 소유주에 대한 분배예정자산집단으로 분류하며, 장부금액과 순공정가치 중 작은 금액으로 측정한다. 분배시점의 분배

대상 비현금자산의 장부금액과 미지급배당금의 차이는 포괄손익계산서에 별도로 중단영업처분손익(당기손익)으로 보고한다.

기업들은 4차산업혁명, ESG 경영 및 포스트 팬데믹 환경 등 구조적이고도 중층적인 환경 변화에 선제적으로 대응해야 한다. 사업포트폴리오의 재편, 신성장사업의 육성 및 강화, 사업특성에 따른 전문경영·책임경영 체제 마련, 대규모 자금조달과 유연한 M&A활동을 위한 지배구조개편 등 기업생존과 미래 성장을 위한 전략적 과제들에 대해 중대한 의사결정을 해야 한다. 더 나아가 정부의 규제, 승계 및 상속 문제는 물론 때로는 여론마저도 감안해야 한다. 기업분할은 이러한 과제를 해결하는 데 있어 요긴한 수단이 될 수 있다. 기회를 기민하게 포착하고 불확실성 속에서 위험을 감수하며 어려움을 극복해가는 기업인들과 기업가정신이 새삼 존경스럽게 느껴진다.

42

IFRS 도입과 회계투명성*

2014년 10월

재무제표에는 이익정보를 비롯한 다양한 회계정보가 포함되어 있으며, 회계정보는 시장참여자의 의사결정에 유용한 정보를 제공함으로써 자원의 효율적 배분이라는 사회적 기능을 담당한다. 재무회계 개념체계에는 유용한 회계정보가 갖추어야 할 질적 속성으로 목적적합성, 표현의 충실성, 이해가능성 등을 명시하고 있다. 회계투명성은 회계정보이용자에게 높은 질적 속

* 칼럼 1~41은 「TAX 매거진」에 연재되었고, 42~48은 「세무와 회계」에 연재된 글들이다.

성을 가진 회계정보를 제공하는 것이다. 따라서 회계투명성이 높다는 것은 재무보고의 질적 속성을 갖춘 회계정보를 정보이용자에게 보다 잘 제공한다는 것을 의미한다.

PricewaterhouseCoopers(2001)는 기업활동에 대한 불투명성을 '분명하고 정확하며 일반적으로 인정된 공식적인 회계기준이나 회계처리 절차가 부재한 정도'라고 정의하고 국가별 불투명지수는 부패관행, 법률제도, 경제 및 금융정책, 회계기준 및 실무, 규제제도 등 다섯 개 분야에 대한 설문조사를 토대로 산출한다고 한다. 회계투명성은 회계정보 투명성, 회계제도 투명성, 경영투명성, 경영의식 투명성으로 구분되기도 한다.

우리나라는 1997년 외환 위기 이후 회계정보의 신뢰성과 기업경영의 투명성을 제고하기 위해 '기업회계기준' 전면개정, '한국회계기준원' 설립 등의 다각적인 노력을 기울여 왔으며, 2011년부터는 모든 상장기업과 금융기관이 국제회계기준(IFRS)을 의무적으로 적용하도록 하고 있다.

IFRS의 채택은 국가 간 비교가능성과 회계투명성을 향상시켜 외국인 투자자가 한국 주가를 낮게 평가하는 코리안 디스카운트를 줄이기 위한 노력의 일환이었다. IFRS의 도입은 국제적으로 통일된 기준을 사용하여 회계장부를 작성하기 때문에 이에 따른 비용절감도 가능하다. 또한 국내와 해외에 대한 투자가 더욱 효율적이고 효과적으로 수행될 수 있다.

새로운 제도에 대한 반응은 긍정적이기도 하지만 부정적인 파장을 초래할 수도 있다. 최근 영업이익 공시가 문제가 된 적이 있다. 과거 회계기준은 매출액에서 매출원가와 판매관리비를 차감한 것을 영업이익이라 하고 영업이익 계산에 포함해야 할 항목을 규정했다. 반면 IFRS는 원칙만을 제시하고 기업의 자의적인 회계처리를 많이 허용한다. 따라서 기업자율에 의해 영업이익을 계산하는 대신 주석을 통해 자세히 공시하도록 하고 있다. 이 점이 예상치 않은 문제를 일으켰다. 과거 영업외수익으로 분류하던 유형자산처분이익과 대손충당금환입, 배당금수익 등을 영업이익에 포함하면서 전년 동기보다 영업이익이 몇백% 증가하는 기업들이 발생하였다. 금융감독원에 따르면 3년 연속 영업이익이 적자인 코스닥 상장사 69곳 가운데 41곳이 2011년 영업이익 흑자를 기록했다고 발표하였다. 그리고 이들 중 절반은 영업이익 항목을 회사가 임의로 정할 수 있는 새로운 회계제도를 이용해서 흑자전환이 가능했던 것이다.

금융감독원은 2012년 7월 회계기준원을 통해 K-IFRS 개정초안을 발표하였다. 이에 따라 영업이익을 2011년부터 표시하도록 의무화했고 영업이익은 매출액에서 매출원가와 판매관리비를 차감한 것으로 하고, 판매관리비의 세부항목들을 열거하였다.

상황은 언제나 변하기 마련이다. 이러한 변화에 따라 새로운 제도를 채택하고 끊임없이 수정하는 과정을 거듭하면서 제도는 발전하고 회계정보의 투명성은 향상될 것으로 믿는다. 금융당국은 큰 방향과 디테일의 균형을 유지하면서 새로운 제도의 선택이 회계투명성에 어떠한 장단기 영향을 미칠지에 대한 신중한 판단과 예상을 하고 주도적으로 대처해야 할 것이다.

43

관계 기업의 지분법에 대한 비판

2015년 10월

관계기업은 투자기업이 직·간접으로 피투자기업의 의결권 있는 주식을 20% 이상 보유하며 피투자기업의 재무정책과 영업정책에 관한 의사결정에 참여할 수 있는 유의적인 영향력(sifnificant influence)을 행사할 수 있는 기업을 말한다. 코카콜라회사는 바틀링회사에 20% 이상의 지분을 갖고 있는데 이는 투자이익을 얻기보다는 바틀링회사를 통제하여 회사 전체의 유통을 원활하게 하기 위해서다. 만약 투자기업이 50%를 넘는 의결권을 갖게 되면 연결대상이 된다.

지분법(equity method)은 관계기업에 대해 적용하는 회계처리이다. 우리나라는 지분법 도입 첫해인 2003년에 지분법투자주식이 총자산에서 차지하는 비중이 약 7%(약 700억)이었는데 최근에는 약 12%(약 1,300억)로 증가하였다. 지분법은 지분의 최초 취득시 원가로 인식하고, 취득시점 이후 발생하는 피투자기업의 순자산 변동액 중 투자자의 지분만큼을 해당 투자자산에 가감하여 보고한다. 피투자기업의 순자산 변동액은 피투자기업의 당기손익 및 기타포괄손익의 변동을 말하며 자본거래에 따른 변화도 투자기업의 지분율에 비례하여 인식한다. 지분법 하에서 투자주식금액은 공정가치로 평가한 금액과 차이가 나는데 그 이유는 특정기업에 대한 20% 이상의 주식을 구입하는 이유는 피투자기업의 경영성과에 따른 이득을 얻기 위함이지 주식 가격 변동에 따른 시세차익을 얻기 위함이 아니기 때문이다.

그런데 지분법은 다음의 이유에서 비판의 대상이 되고 있다. 첫째, 지분법적용의 형식적인 요건(지분율 20% 이상에서 50% 이하)가 지배관계의 실상을 반영하지 못한다. 둘째, 부외자산 및 부외부채의 도구로 활용된다. 셋째, 회사경영성과 지표를 왜곡할 수 있다. 지분법과 연결을 구분하는 기준인 20%에서 50%의 지분율은 기업이 피투자기업에 대해 유의한 영향력은 갖지만 통제력은 없다. 그러나 기업이 다른 기업에 대한 지분율이 50%를 넘지 않더라도 부채계약, 장기매출 등의 여러 계약을 통해 피투자기업에 대한 통제력을 가질 수도 있다.

한편, 지분법을 적용하면 관계기업의 모든 자산과 부채가 직접적으로 투자기업의 재무제표에 나타나지 않고 피투자기업 순자산 중 지분액만을 관계기업투자자산으로 보고한다. 이는 지분법을 한 줄(one-line consolidation)의 연결이라고도 하는 이유가 된다. 반면, 연결에서는 피투자기업의 개별자산과 부채가 투자기업의 자산과 부채에 한 줄 한 줄로 더해진다.

지분법을 적용하면 관계기업이 부도가 날 경우, 투자기업은 관계기업의 부채에 대해서는 직접적인 책임이 없으며 단지 지분투자를 한도로 경제적 손실만을 입는다. 그런데 실질적으로 지배력을 행사함에도 불구하고 지분율 요건 등을 기계적으로 적용해서 지분법으로 회계처리하면 경제적 실상을 제대로 반영하지 않을 수 있다. 이는 지분법이 부외부채를 위한 수단으로 이용될 수도 있기 때문에 비판의 대상이 되는 이유가 된다. 따라서 만일 지분율이 50%를 넘지 않으면서도 다른 기업을 통제한다면 연결회계를 적용해야 한다.

일반적으로 지분법 하에서는 피투자기업의 자산과 부채가 나타나지 않고 주주지분은 연결과 비교하여 차이가 없기 때문에, 연결에 비해 부채비율이 낮다. 만일 피투자기업의 자산과 부채를 투자기업의 재무제표에 통합하면 더 많은 부채를 인식하게 되며, 이로 인해 부채비율이 증가한다. 미국의 엔론 사태 이후 특수목적법인을 이용한 부외부채와 관련된 회계기준이 강화되었는데 이로 인해 투자기업은 특수목적법인의 부채를 투자기업의 재무상태표에 통합해서 나타내야 하며 이로 인한 부외부채에 따른 효과를 누리기 어렵게 되었다. 최근 리스회계와 관련하여 앞으로 운용리스도 자본리스처럼 재무제표상에 표시하도록 한 이유도 부외부채에 따른 효익을 얻는 것을 막기 위함이다.

한편, 지분법 하에서 투자기업의 자산은 연결을 한 경우와 비교해서 작기 때문에 일반적으로 자산이익률(ROA)이 높다. 따라서 투자기업의 경영성과 지표가 왜곡될 수 있다. 예를 들어, 코카콜라는 바틀링 회사의 지분율이 50%보다 조금 적기 때문에 지분법으로 회계처리하지만, 실질적으로는 충분한 영향력을 행사한다. 그럼에도 불구하고 바틀링회사의 자산과 부채를 재무상태표상에 인식하지 않으며 이로 인해 자산이익률도 상대적으로 높다.

이와 같이 한국채택국제회계기준(K-IFRS)에서는 실질지배력 기준을 연결회계에 적용하고 있지만 기준이 모호하고 또한 경영자는 연결이 아닌 지분법 적용을 통해 이익을 얻을 수 있기 때문에 이를 남용하는 기업은 계속 존재할 수 있다. 따라서 부외부채와 관련된 회계기준이 강화될 필요성이 있다.

44

한국채택국제회계기준의 도입과 재무보고의 질적 향상

2016년 4월

모든 상장기업들이 2011년에 의무적으로 도입한 한국채택국제회계기준(K-IFRS)은 현금주의보다는 발생주의 원칙(accrual basis)을 채택하고 있다. 발생주의 원칙은 수익이나 비용의 인식은 현금의 유입, 유출과 관계없이 이루어진다. 따라서 수익이나 비용을 인식하는 시점이 현금의 유입과 유출시점과 다르다.

발생주의 회계원칙에 의해서 측정된 경영성과인 당기순이익은 영업현금흐름과 발생액으로 구성된다. 일반기업의 발생액에 대한 예로는 매출채권이나 매입채무의 증감, 재고자산의 증감, 대손상각비, 감가상각비, 구조조정비용, 그리고 자산 감액손실 등이 있다.

발생주의 원칙에 근거한 순이익 정보는 시차(timing)와 대응(matching)의 문제를 완화시켜줌으로써 현금흐름보다 유용한 예측정보를 제공하는 것으로 밝혀졌다. 이러한 발생주의 회계는 기업의 경제적 자원과 경영성과를 보다 적절하게 나타낼 수 있어 투자자들에게 보다 유용한 정보를 제공할 수 있다는 장점이 존재한다. 또한 현금주의 회계에 비하여 특정 시점에 기업이 보유하고 있는 권리와 의무를 보다 적절하게 나타낼 수 있다.

그러나 발생주의 회계는 수익과 비용을 인식하는 데 있어 경영자의 주관성이 개입될 수 있다. 경영자는 보수적으로 회계처리할 수도 있고(비용과 부채를 과대계상하고, 수익과 자산을 과소계상함) 그 반대로 공격적으로 회계처리할 수도 있다(비용과 부채를 과소계상하고, 수익과 자산을 과대계상함). 즉, 재무제표에 보고되는 금액을 의도적으로 조정하여 경영자는 경영자 자신의 보상을 극대화할 수도 있고, 또는 채권자의 가치를 희생시켜서 주주의 이익을 극대화할 수도 있다.

또한 회계추정을 할 때도 공격적으로 할 수도 있고(감가상각기간을 길게 보고하고, 대손처리 비율을 낮게 보고), 보수적으로 할 수도 있다(감가상각기간을 짧게 보고하고,

대손처리 비율을 높게 보고). 일반적으로 보수적(공격적) 회계처리는 이익의 질을 증가(감소)시킨다고 한다. 예를 들어 경영자가 본인의 성과보상을 위해서 의도적으로 올해 이익을 증가시키면 이익의 질이 떨어지게 된다고 한다. 이익의 질이 높은 기업은 주식이나 채권을 발행할 때 그렇지 않은 기업에 비해 자본이 적게 드는 것으로 보고되고 있다.

한편, 이익은 현금흐름과 발생액으로 구성된다. 현금흐름과 달리 발생액에는 경영자의 재량에 의한 추정(estimation)과 분배(allocation) 그리고 판단(judgement)의 문제가 수반되기 때문에 측정오차가 존재할 수도 있다. 특히, 경영자가 기회주의적인 이익조정 목적으로 발생액을 이용할 경우 측정오차의 문제는 더욱 심각해질 수도 있다고 한다.

발생액의 질은 이익의 질의 한 부분이다. 발생액의 질이 높아 발생액이 영업현금흐름으로 실현되는 비율이 높고 그 비율이 안정적이라면 발생액으로 인한 투자자의 이익예측의 불확실성 및 측정오차가 줄어들기 때문에 이익예측가능성을 높일 수 있다고 한다. 이는 발생주의 회계원칙에 근거한 순이익정보가 과거의 정보이지만 발생액의 질이 높다면 미래의 순이익에 대해 예측 정보를 제공하는 좋은 선도지표가 될 수 있음을 의미하기도 한다. 즉, 발생액의 질이 높다면 정보의 불확실성이 감소하므로 투자자는 기업이 공시한 회계이익을 바탕으로 기업의 미래 순이익을 합리적으로 추정할 수 있기 때문이기도 하다.

한편, 발생액의 질이 높을수록 발생액의 시장이상현상(accrual anomaly)이 감소한다고 한다. 발생액의 시장이상현상이란 투자자가 발생액의 지속성을 과대평가하기 때문에 주가가 과대평가 되는 현상을 말한다. 발생액의 질이 높아 발생액의 많은 부분이 영업현금흐름으로 실현되는 경우에는 투자자가 발생액의 특성을 주가에 보다 잘 반영할 수 있기 때문에 발생액의 시장이상현상이 줄어든다고 한다. 따라서 국내시장의 투자자는 발생액의 질의 높고 낮음을 인지하고 있으며 이를 투자의사결정에 적절히 반영하고 있는 것으로 알려지기도 한다.

K-IFRS의 도입 이후 많은 재무정보가 축적되어 가고 있으므로 그동안 재무보고의 질이 향상되었는지에 대한 좀 더 많은 연구가 이루어지기를 기대한다.

45

지분의 역취득을 통한 우회상장에 대한 우려

2016년 8월

역취득(reverse acquisition)은 법적인 관점에서 취득기업이 피취득기업의 주식을 취득하지만 취득의 경제적 실질은 피취득기업이 취득기업을 취득한 것과 같다. 이때, 피취득기업은 실질적인 지배기업이면서 회계상 취득기업이 된다. 취득기업은 실질적인 종속기업이면서 회계상 피취득기업이 된다. 때로는 비상장기업이 상장기업으로 하여금 자신의 지분과 교환하여 비상장기업의 지분을 취득하도록 약정하기도 한다. 이 때 비상장기업이 상장기업과 인수·합병을 통해 주식시장에 상장하는 것을 우회상장이라고 한다. 비상장기업이 주식시장에 직접 상장하는 것은 시간이 많이 걸리고 복잡한 심사절차를 거치기 때문에 외부자금이 필요한 기업들은 이를 피하기 위해 우회상장을 하기도 한다.

우회상장의 법률적 형태는 상장기업이 비상장기업을 합병하는 것이다. 합병한 후 회사이름을 과거 비상장기업으로 바꾸면 실질적으로는 비상장기업이 상장하는 것과 같다. 비상장기업은 현금을 이용해 상장기업의 지분을 인수하고 두 기업을 합병할 수도 있고, 현금을 동원하지 않고 주주 간 주식교환을 통해 합병하기도 한다. 상장기업은 비상장기업에 비해 규모가 작기 때문에 합병한 후 비상장기업이 우위권을 갖게 되며 실질적인 지배기업이면서 회계상 취득기업이 된다.

우회상장은 빠른 상장이 가능하다. 기업은 우회상장을 통해 성장에 필요한 투자자금을 주식 시장에서 신속히 마련할 수 있다. 또한 복잡한 상장심사 절차를 거치지 않기 때문에 비상장기업은 감독당국의 감시를 교묘히 피해서 상장할 수 있다. 이러한 허점을 이용하여 우회상장을 하는 기업이 발생하였다. 2009년 N이라는 비상장기업은 관계기업인 ㈜모를 통해 우회상장을 하였다. ㈜모는 N을 흡수합병하면서 상호를 N으로 변경하였다. 이와 같이 N은 회사성장을 위해 필요한 투자자금을 신속히 마련하기 위해 우회상장을 통해 주식시장에 상장하였다.

상장 직후 첫 번째 발행된 감사보고서에서 회계감사인은 N의 재무제표를 신뢰할 수 없다며 '의견거절'을 선언하였다. '의견거절' 이유로는 회사가 개발비를 부풀리고 유형자산과 이익을 과대계상하고 있으며 매출을 중복 계상하는 등 회계기록이 방만하며 회계자료를 신뢰할 수 없다고 하였다. 또한 기업의 내부통제가 제대로 이뤄지고 있지 않다는 '내부통제제도'에 대한 검토의견도 별도로 발표하였다. N의 주식은 증권시장에서 즉시 거래가 정지되었다.

N은 우회상장을 통해 주식시장에 상장한 후 외부자금을 손쉽게 조달하려고 하다가 깐깐한 감사를 통해 분식회계가 적발된 것이다. 상장전 N은 매출액, 영업이익, 당기순이익은 엄청나게 급증했으나 영업현금흐름은 계속 적자였다. 이 경우 이익은 계속 증가하는데 벌어들이는 현금이 없으므로 가공의 매출이 발생해서 이익이 증가하는 것은 아닌지 분석해볼 필요가 있다. 영업이익이 증가한다면 영업현금흐름도 비슷한 추세로 증가하는 것이 정상이기 때문이다.

N은 영업활동을 통한 현금에 비해 엄청난 자금을 계속 투자에 사용하고 있었다. 따라서 모자라는 돈을 외부에서 차입하거나 자금조달이 쉬운 우회상장을 통해 조달하고 있었던 것이다.

이후 증권거래소는 공시 관련 규정을 강화하였고 금융감독원은 우회상장 규정을 대폭 강화하였다. 또한 우회상장을 하더라도 직접 상장하는 것과 거의 비슷한 수준의 심사를 받아야 하고 금감원에서 지정한 감사인에게 감사받아야 한다는 조건이 추가되어 우회상장하려는 비상장기업의 감사를 강화하였다. 그 후 우회상장기업 숫자는 급감하였다.

어떤 제도를 도입하든 회계분식이나 상장폐지 사건은 계속해서 발생할 것이다. 전 세계적인 불경기로 인해 국내 경기도 어려운 현재와 같은 시점에서는 이러한 사건들은 더욱 늘어날 가능성이 존재한다. 회계법인은 충분한 시간을 투여하여 감사를 제대로 할 필요가 있다. 분식회계를 발견하지 못하는 것이 회계법인의 책임은 아니지만 이런 문제를 없애려면 계속적인 제도 정비를 통해 투자자들을 보호할 필요가 있다.

46

회계투명성과 재무분석가의 이익예측정확성

2017년 1월

우리나라는 1997년 외환위기 이후 회계기준원을 설립하여 제도적 장치를 마련하고, 2011년도에는 국제회계기준(IFRS)을 도입하는 등 기업의 회계투명성을 개선하기 위한 노력을 계속해왔다. 그럼에도 불구하고 한국의 회계투명성에 대한 국제적인 평가는 긍정적이지 않다. 스위스 국제경영개발연구원(IMD)에서는 매년 국가경쟁력과 회계투명성 순위를 발표하고 있는데 우리나라는 2015년 조사 대상인 61개국 중 회계투명성 부문에서 60위를 하여 최하위권에 분류되었다.

IMF의 보고서(1998)에 따르면 회계투명성이란 기존의 환경과 의사결정 그리고 활동들에 대한 정보를 접근가능하고 가시적으로 또한 이해가능하게 하는 과정이라고 명시하고 있다. 회계투명성은 회계정보이용자에게 높은 질적 속성을 가진 회계정보를 제공하는 것이다. 이러한 회계투명성의 목표는 기업 내부와 외부 자본시장 간의 정보비대칭을 방지하는 것에 있다고 할 수 있다.

이익투명성은 이익정보가 기업의 경제적 가치변화인 주식수익률을 얼마나 효과적으로 설명하는지로 나타나며 회계투명성보다는 좀 더 구체적인 개념이다. 재무제표에 보고되는 이익정보는 기업의 미래 수익성, 채무이행능력 등을 평가하는 데 유용하게 이용된다. 이익투명성은 기업 성과인 재무제표상의 이익 정보에 기업의 내부정보뿐만 아니라 외부공시정보도 반영하기 때문에 재무분석가와 같은 정보이용자의 정보 해석능력을 향상시키는 것으로 알려지고 있다. 이익투명성이 높을수록 기업의 불확실성에 따른 정보위험과 이로 인한 정보비대칭이 감소하여 재무분석가의 이익예측은 향상되는 것으로 예측하기도 한다.

재무분석가는 자본 시장을 활성화시키는 중요한 정보이용자이다. 기업의 경영진들은 재무분석가의 예측치를 경영의사결정에 참고하므로 재무분석가의 예측정보는 투자자뿐만 아니라 경영진들의 입장에서도 매우 중요한 정보이다. 이익의 질이 높을수록 이익의 정보효과가 향상되어, 재무분석가의 예측정확성이 높아진다고 알려지고 있다.

한편, 국제다각화의 수준이 높을수록 재무분석가의 이익예측편의가 증가하여 재무분석가는 낙관적 이익예측을 한다고 알려지고 있다. 또한 보다 불확실한 정보환경에서 그리고 예측가능성이 낮은 경우 재무분석가는 낙관적으로 예측하는 성향이 높다고 한다. 이는 재무분석가의 낙관적인 예측치에 대한 낮은 신뢰성을 초래하기도 한다.

일반적으로 재무분석가는 동종업종 재무정보의 비교 분석을 통해 경제적 사건을 평가하고 예측치를 제공한다. 따라서 회계투명성이 높은 재무정보를 공시하는 기업에 대한 재무분석이 더욱 용이할 것이다. 따라서 회계투명성이 높을수록 기업의 불확실성에 따른 정보위험과 이로 인한 정보비대칭이 줄어들어 이러한 기업에 대한 재무분석가의 이익예측은 향상될 수 있을 것으로 예상한다. 또한 재무분석가는 이익투명성 높은 회계정보를 통해 분석대상에 대한 이해 및 지식수준을 증진시킬 수 있으므로 이익투명성 높은 회계정보를 양질의 회계정보로 인식할 것이며, 높은 이익투명성으로 인해 회계정보의 활용이 더욱 증가될 것으로 예상된다.

47

기업의 유형자산 재평가모형의 왜곡

2017년 7월

삼성그룹의 제일모직이 2014년 말 유가증권시장에 상장할 때 많은 전문가들은 제일모직이 자산재평가에 나설 것이라고 예상하였다. 상당한 부동산을 보유하고 있던 제일모직이 자산재평가를 통해 주가를 띄울 것으로 판단했기 때문이다. 하지만 제일모직은 자산재평가를 채택하지 않았다. 제일모직의 연차보고서를 보면 제일모직이 보유하고 있는 경기도의 토지(에버랜드 및 레이크사이드골프장 부지 등을 포함함)의 장부가(취득원가)는 2014년 기준 9,093억 원에 불과했지만 토지들의 시가는 약 5배인 4조 5000억 원이었다. 제일모직 전체 자산의 가치가 4조 4000억 원 정도였으므로 전체 자산의 장부금액은 약 8조 원으로 증가가 가능하였다. 그 결과 주가가 올라 시가총액도 늘어날 수 있었을 것이다. 그런데 제일모직은 예상과 달리 자산재평가를 하지 않았다. 왜 그랬을까?

그 이유는 장기적으로 봤을 때 제일모직 주가에 부정적 영향을 미칠 수 있다고 판단하였기 때문이다. 자산재평가는 유형자산의 장부금액을 늘리고 부채비율을 줄이지만 동시에 감가상각비도 늘어나게 되어 재무제표상 기업의 당기순이익을 감소시킨다. 또한 토지의 경우 감가상각비가 인식되지 않지만 기업의 자산과 자본이 늘어나 자산수익률(ROA, return on assets)이나 자본수익률(ROE, return on equity)에 악영향을 미치게 된다. 자산재평가는 기업의 내재가치인 펀더멘털을 변화시키는 것이 아니라 회계장부에 적혀 있는 유형자산의 금액만을 다르게 보고할 뿐이다. 또한 회사의 영업능력이나 생산성이 증가하는 것도 아니다. 회사가 영업을 통해 벌어드리는 현금도 변하지 않으며 생산이나 마케팅활동에 투입하는 비용도 그대로이다.

자산재평가는 1998년에서 1999년까지 일시적으로 허용된 이후 그동안 국내에서 허용되지 않았다. 그 후,

금융감독원이 국제회계기준(IFRS)을 2011년부터 도입하면서 IFRS에서 자산재평가를 허용하고 있다. 역사적 원가주의 방법은 취득원가를 기초로 해서 감가상각한 금액으로 유형자산의 가치를 평가한다. 재무상태표에는 유형자산의 취득원가에서 감가상각누계액과 손상차손누계액을 차감한 금액(장부금액)으로 보고한다. 자산재평가모형은 유형자산을 재평가일의 공정가치에서 이후의 감가상각누계액과 손상차손누계액을 차감한 재평가금액으로 기록하는 방법이다. 기업은 유형자산의 시가가 장부가보다 상당히 높은 경우 자산재평가를 할 수 있다. 자산재평가를 하면 기존 장부가를 수정해 시가를 새로운 장부가로 삼는다. 그 결과, 자산과 자본(기타포괄손익누계액)이 늘어나게 된다. 동시에 포괄손익계산서의 기타포괄손익 항목도 늘어나게 된다.

한편, 기타포괄손익은 당기순이익 계산에는 포함되지 않지만 총포괄손익에는 포함되는 항목이다. 총포괄손익은 거래나 그 밖의 모든 사건으로 인한 자본변동에서 소유주와의 거래로 인한 자본변동의 효과를 제외한 것을 말한다. 기타포괄손익은 보유중인 자산과 부채의 가치변동으로 발생하는 미실현평가손익을 말한다. 재평가모형을 적용하여 장부금액이 증가하면 그 증가액은 기타포괄손익으로 인식하고 재평가잉여금의 과목으로 자본에 가산한다. 반면 재평가로 장부금액이 감소하면 그 감소액은 당기손익으로 인식한다.

기업은 영업활동을 하기 위해 유형자산을 취득하고 관리한다. 2015년 연결재무제표 총자산에서 유형자산이 차지하는 비율을 보면 삼성전자는 36%(유형자산 86조 원, 총자산 242조 원), 포스코는 43%(유형자산 35조 원, 총자산 80조 원), 대한항공은 74%(유형자산 18조 원, 총자산 24조 원)이다. 이 중에서 대한항공만이 토지에 재평가모형을 적용하였다.

한편, 유형자산은 재무제표에 인식된 다음에 유형자산의 분류별로 구분해 원가모형이나 재평가모형 중 하나를 회계정책으로 선택하여 동일하게 적용해야 한다. 즉 토지, 건물, 기계 등 종류별로 구분해 각각 자산재평가의 실시 여부를 결정한다. 특정 유형자산 항목을 재평가하기로 결정했다면 해당 유형자산의 종류 내에서는 모든 자산을 재평가해야 한다.

유형자산은 일반적으로 기업 재무제표상 자산에서 중요한 부분을 차지하기 때문에 재평가모형을 잘못 이해하고 회계처리하는 경우 기업의 재무제표를 유의적으로 왜곡할 수 있다. 따라서 재평가모형을 선택한 기업은 주기적으로 유형자산을 공정가치로 재측정해야 하며 측정에 관련된 비용이 수반되므로 유형자산 재평가모형을 회계정책으로 선택할 때에는 신중하게 결정해야 한다.

48

지분상품의 재분류 금지에 대하여…

2018년 2월

올해 연방준비제도(Fed)가 금리를 4회 올릴 예정이라고 한다. 금리인상 전망이 강해지는 배경에는 미국 경제성장 호조와 세제개편안 효과 기대 때문이다. 한국은행도 내년에 기준금리를 1회 내지 2회 인상한다는 전망이 대세다. 2016년 미국 트럼프 대통령의 당선 이전에는 경기전망이 좋지 않아 금리가 낮았고, 그 결과 채권가격이 상대적으로 높아서 채권의 평가이익 또한 높았다. 따라서 금융상품을 많이 보유하고 있는 금융사들은 상각후원가금융자산으로 분류되어 있던 채권을 기타포괄손익인식금융자산으로 재분류하는 방법을 이용해 자본을 높게 보고하였다.

상각후원가금융자산은 공정가치변동을 인식하지 않는다. 상각후원가금융자산을 기타포괄손익인식금융자산으로 재분류하면 공정가치평가이익을 기타포괄이익으로 인식할 수 있어서 자본의 금액이 상승한다. 많은 미국금융사들이 금융당국의 엄격한 재무건전성에 대한 규제를 피하기 위해 이러한 방법을 이용하였다.

그러나 트럼프 대통령 당선 이후 경기전망이 상승하고 금리도 상승할 것으로 예측되면서 채권가격이 하락하였다. 이에 따라 채권을 상각후원가금융자산에서 기타포괄손익인식금융자산으로 재분류한 금융사들은 채권가격의 하락으로 많은 평가손실을 재무제표에 인식하였으며 그 결과, 자본이 축소하였다.

금융자산은 현금, 다른 기업의 지분상품, 거래상대방으로부터 금융자산을 수취할 수 있는 계약상의 권리 등이다. 지분투자(equity investment)는 다른 기업이 발행한 주식에 투자하는 것이며, 채권투자(debt investment)는 기업이나 국가, 공공단체가 발행한 사채나 국채, 공채를 구입하는 것이다. 지분투자와 채권투자는 보유의도와 보유능력에 따라 적절한 계정으로 분류하는데 투자목적으로 취득한 지분투자와 채권투자는 상각후원가금융자산, 기타포괄손익인식금융자산, 당기손익인식금융자산 중 하나로 분류한다.

금융상품은 거래당사자에게 금융자산을 발생시키고 동시에 다른 거래상대방에게는 금융부채나 지분상품을 발생시키는 모든 계약을 말한다. K-IFRS 제1109호(금융상품)에서는 사업모형과 현금흐름형태에 따라 금융자산을 상각후원가(AC) 금융자산, 당기손익인식(FVPL) 금융자산 및 기타포괄손익인식(FVOCI) 금융자산으로 분류한다.

상각후원가금융자산은 계약상 정해진 원금과 이자만을 수취할 목적으로 취득한 금융자산이다. 이 경우 금융자산의 만기가 고정되어 있고 계약상 지급받을 원리금이 확정되어 있으며, 투자자는 금융자산을 만기까지 보유할 적극적인 의도와 능력이 있어야 한다. 주식은 이런 조건을 만족하지 못하므로 채권만이 상각후원가금융자산으로 분류된다. 최초인식금액과 만기금액의 차이가 있는 경우에는 채무상품의 상환기간에 걸쳐 유효이자율법을 적용하여 상각후원가를 측정한다.

기타포괄손익인식금융자산은 계약상 정해진 원금

과 이자를 수취하는 것뿐만 아니라 만기 이전에 제3자에게 매각하여 현금화하려는 목적으로 취득한 금융자산이다. 최초 인식 후 기타포괄손익인식금융자산은 공정가치로 측정한다. 장부금액(상각후원가)와 공정가치의 차이는 기타포괄손익인식금융자산평가손익으로 인식하고 기타포괄손익에 반영한다. 당기손익인식금융자산은 상각후원가금융자산이나 기타포괄손익인식금융자산에 해당하지 않는 금융자산이다. 최초 인식 후 당기손익인식금융자산은 공정가치로 측정한다. 장부금액과 공정가치의 차이는 당기손익인식금융자산평가손익으로 인식하고 당기손익에 반영한다.

지분상품인 주식은 보유기간 동안 사전적으로 정해진 현금흐름이 없기에 원칙적으로 당기손익인식금융자산으로 분류한다. 그러나 주식을 단기보유목적으로 취득한 것이 아니라면 기타포괄손익인식금융자산으로 분류할 수 있다. 그러나 이렇게 인식한 기타포괄손익은 이후에 당기손익으로 재분류될 수 없다. 그 이유는 재분류로 인해 당기손익의 큰 변동이 발생하고 왜곡된 정보가 산출될 수 있기 때문이다. 반면, 기타포괄손익인식금융부채는 후속적으로 당기손익으로 재분류가 가능하다.

재분류란 기타포괄손익인식금융자산이 처분되거나 손상차손이 발생하는 경우 해당 금융자산의 기타포괄손익누계액을 당기손익으로 대체하는 것을 말한다. 이를 재순환조정(recycling)이라고도 한다. 기타포괄손익을 제거하고 당기손익에 반영하는 이러한 회계처리는 재분류기간의 총포괄이익에는 영향을 주지 않지만 자본의 한 구성항목인 기타포괄손익누계액이 또 다른 구성항목인 이익잉여금으로 변경되게 한다.

국내 기업들 중 일부는 기타포괄손익인식금융자산 중 평가이익이 발생한 주식들만을 선별하여 처분하여 이익에 큰 영향을 주기도 하였다. 2017년까지 허용된 이러한 회계처리방법은 기타포괄손익인식금융자산의 평가손익을 기타포괄손익에 반영한 후 이 금융자산이 처분되어 평가손익이 발생하면 이를 당기손익으로 인식하였다. 그러나 2018년부터 적용되는 새로운 회계처리기준에서는 기타포괄손익인식금융자산의 평가손익은 해당 금융자산이 매각된 경우 당기손익으로 재분류하지 않고 자본으로 직접 대체하도록 규정하였다. 따라서 선별적으로 보유주식을 처분한다고 해도 당기손익에 영향을 미칠 수 없게 되었다.

2018년부터 적용되는 새로운 회계처리기준은 기업들의 선별적인 보유주식 처분행위를 통한 이익조정을 줄일 것으로 기대한다. 이는 재무정보의 불확실성을 줄일 것으로 기대한다. 그러나 기업들의 선별적인 보유채권 처분행위를 통한 이익조정 가능성은 계속 존재한다.

신호영 한양대학교 경영대학 명예교수. 미국 뉴욕주 바사대학에서 경제학 학사, 미국 뉴욕 콜롬비아대학교에서 경영학 석사, 동국대학교에서 경영학 박사를 취득하였다. 녹조근정훈장을 수훈하였으며, 국내의 권위 있는 학회 및 학술지로부터 다수의 논문상을 수상하였다. 주요 저서로 『IFRS회계원리』, 『고급회계』 등이 있으며, 국내외 학술지에 다수의 논문을 게재하였다. 글로벌경영학회 회장, 한국국제경상교육학회 부회장, 한국회계정보학회 부회장, 한국경영교육학회 부회장, 한국상업교육학회 부회장, 한국국제회계학회 부회장 등을 역임하였으며, 한국장학재단 비상임이사, 서울시 감사자문위원회 위원과 감사청구심의회 위원, 정보통신부 정보통신진흥기금 운영심의회 위원, 보훈기금 운영위원회 위원, 재정경제부 세제발전심의위원회 위원과 재정자금운용심의회 위원, 국세청 자체평가위원회 위원 등으로 활동하였다. 현재는 현대삼호중공업 사외이사로 활동하고 있다.

일상 속의 특별한 회계 에세이

펴낸날 2023년 7월 31일 초판 1쇄
지은이 신호영 · **펴낸이** 이기정
펴낸곳 한양대학교출판부 · **출판등록** 제4-7호(1972.2.29)
주소 서울 성동구 왕십리로 222 · **전화** 02.2220.1432-4 · **팩스** 02.2220.1435
홈페이지 press.hanyang.ac.kr · **이메일** presshy@hanyang.ac.kr
표지 안광일 · **본문디자인·편집** 김민지 · **인쇄** 네오프린텍

정가는 뒤표지에 있습니다. 잘못된 책은 구입하신 곳에서 교환해드립니다.

ISBN 978.89.7218.775.2 (93320)